ZWILLINGE *das Magazin*

Das Mitmach-Magazin für Zwillings- & Drillingseltern

Band 22
Sept./Okt. 2016

Bibliografische Information der Deutschen Nationalbibliothek:
Die Deutsche Nationalbibliothek verzeichnet diese Publikation in der Deutschen Nationalbibliografie; detaillierte bibliografische Daten sind im Internet über www.dnb.de abrufbar.

Editorial

vor vier Jahren hat die kleine Zeitschrift ZWILLINGE ihr 25jähriges Jubiläum gefeiert. Zeit, neue Wege zu gehen. Ab sofort gibt es zweimonatlich eine Zusammenfassung der interessantesten Themen aus ZWILLINGE. Das erste Heft/Buch dieser Art ist Anfang Mai 2013 erschienen. Alle bisher 22 ZWILLINGE-Hefte/Bücher können unter DAS NEUE ZWILLINGE MAGAZIN auf allen gängigen Buch-Bestell-Portalen und unter www.twins.de bestellt werden. Ab sofort ändern wir den Titel des neuen Magazins in ZWILLINGE *das Magazin*, da es sich so vielleicht besser finden lässt. Denn wenn man nur den Titel weiß, ist das Magazin bisher kaum zum Beispiel auf Portalen wie Amazon zu finden.

Zwei Hefte des „normalen" ZWILLINGE in einer Doppelausgabe

Wir lassen unsere neue „best-of"-ZWILLINGE-Zeitschrift jetzt bei BoD - books on demand in Norderstedt herstellen. Da der Service von BoD nicht an der Druckmaschine endet, sondern Bücher und Zeitschriften auch noch an alle gängigen online-Portale, die Bücher verkaufen, verteilt werden, besteht die Möglichkeit, dass sehr viel mehr interessierte Zwillings- und Drillingseltern von der neuen Lektüre erfahren. Bisher haben wir DAS NEUE ZWILLINGE MAGAZIN auch als E-Book herstellen lassen. Das machen wir ab sofort nicht mehr, da dies auf zu wenig Interesse gestoßen ist.

Wie unterscheidet sich ZWILLINGE *das Magazin* von den einzelnen Ausgaben der Zeitschrift ZWILLINGE, die natürlich weiterhin für ihre treuen Leser & Leserinnen existiert? In unserer Doppelnummer ZWILLINGE *das Magazin* verzichten wir auf eine Kleinanzeigen-Seite, auf die Veröffentlichung aktueller Termine, auf allzu viele Leserbriefe, auf unsere sehr ausführlichen Bezugsbedingungen und vieles mehr. Sie erhalten in dieser Doppelnummer wirklich von der 5. bis zur 60. Seite Themen, Texte und Fotos - also reichlich Lesestoff. Und natürlich bleibt auch ZWILLINGE *das Magazin* eine Zeitschrift/ein Buch zum Mitmachen. Wir sind darauf angewiesen, dass Sie die Leser, interessante Beiträge beisteuern und hier aus Ihrem Alltag als Zwillings- und Drillingseltern berichten. Denn wir - die Herausgeber dieser Zeitschrift - verstehen uns im

Constantin (von links), Nicolai, Maximilian und Marion von Gratkowski

mer nur als Vermittler zwischen Ihrem Wissen und dem Interesse neuer/anderer Zwillingseltern. Natürlich haben auch wir Zwillinge - wie sonst käme man auf die Idee, eine Zeitschrift wie ZWILLINGE oder jetzt ZWILLINGE *das Magazin* zu machen? Unsere eigenen zweieiigen Zwillingssöhne wurden 7 Wochen zu früh geboren und sind jetzt erwachsene Männer. Und unser Einling ist ebenfalls dem Babyalter entwachsen ...
Viel Spaß beim Lesen - sorry, diesmal waren wir ein bisschen spät dran.

Marion von Gratkowksi

INHALT - Rubriken & Themen in diesem Heft

ZWILLINGE *das Magazin* - Die Mitmach-Zeitschrift für Zwillings- & Drillingseltern

So können Sie sich mit Beiträgen an ZWILLINGE *das Magazin* beteiligen: In 29 Jahren haben wir immer wieder festgestellt, dass die wahren Experten für Zwillings- und Drillingsthemen die Eltern sind. Viele Eltern haben darüber hinaus eine Qualifikation, die sie dazu prädestiniert, ihre Alltagserfahrungen mit anderen zu teilen. Sie sind selbst Erzieher, Lehrer oder Ärzte ... Erzieherinnen, Lehrerinnen oder Ärztinnen.

Aber auch, wenn Sie ganz einfach „nur" Zwillings- und Drillingseltern sind - Ihre Erfahrungen, die Sie machen, sind von so unschätzbarem Wert für andere, für neue und werdende Eltern, dass sie unbedingt zu Papier gebracht werden sollten. Deshalb scheuen Sie sich nicht, uns zu schreiben und einen Beitrag zu irgendeiner Situation aus Ihren Leben mit mehreren gleichaltrigen Kindern zu schicken. Ihre Erfahrungen und vor allem Ihre Tipps und guten Ideen sind gefragt. (Bis heute hat leider noch keiner „mitgemacht".)

Und so geht's: Sie schreiben - wie Ihnen der „Schnabel gewachsen" ist. Dies hier ist kein Aufsatzwettbewerb. Unsere Redaktion bearbeitet Ihren Beitrag, macht die Überschrift dazu, das Layout und formuliert die Bildunterschriften und die Zwischenüberschriften. Ihr Beitrag sollte im Format .doc oder .docx, in „word" oder einem anderen, gängigen Schreibprogramm bei uns ankommen. Gern aber auch einfach direkt in der E-mail formuliert. Sie können Ihre Beiträge per E-mail senden an info@twins.de. Wir nehmen aber nachwievor auch handschriftliche Beiträge, die ganz einfach per Post kommen. Unsere Adresse: ZWILLINGE, Postfach 40 11 11, D-86890 Landsberg.

Schicken Sie uns auch Ihre Fotos mit. Am besten sind ganz normale Familienfotos, wie man sie mit jeder Digicam oder einem Handy machen kann. Um die entsprechend hohe Auflösung und die Druckfähigkeit kümmert sich unsere Redaktion. Und wenn Sie uns einen großen Gefallen tun wollen: benennen Sie Ihre Fotos mit denjenigen, die darauf zu sehen sind - also zum Beispiel MaxConnySpielplatz.jpg.

Dann kann's ja losgehen ... wir freuen uns und sind gespannt.

Unser allerschönstes Weihnachtsgeschenk

Wie schön, wenn bei Zwillingen alles einmal ein wenig entspannter geht. Theresa S. spürte schnell, dass „etwas anders" war, doch wie „anders" kam erst in SSW 13 heraus. Sie hat sich nicht verrückt machen lassen und die 37 Wochen ihrer Schwangerschaft meistens genossen ... Weihnachten war Bescherung.

Nachdem nun heute die neueste Ausgabe von ZWILLINGE in unserem Briefkasten lag und ich mich sofort daranmachte, diese durchzulesen, fiel mir wieder ein, dass ich schon so lange die Geschichte von der Schwangerschaft und Geburt unserer Zwillinge aufschreiben wollte. Zum einen, um Ihre tolle Zeitung zu füllen und zum anderen, um diese wahnsinnig spannende und glückliche Zeit für unsere Familie festzuhalten.

Alles begann im Mai 2013, als ich bei einer längeren Radtour mit meinem Mann bemerkte, dass sich mein Körper irgendwie anders anfühlte. Wir hatten schon über ein Jahr die Pille abgesetzt und nach einer Fehlgeburt wieder neue Kraft geschöpft. Dieses Mal ohne das lästige Zykluszählen und ohne die ständigen Schwangerschaftstests, wenn die Tage mal wieder auf sich warten ließen. Wir haben den Kinderwusch nicht an Stelle 1 gerückt und so klappte es dieses Mal … und es fühlte sich von Anfang an gut an.

Nicht sofort zum Frauenarzt rennen.

Ich rannte nicht sofort zu meinem Frauenarzt, sondern wartete dieses Mal bis zur 9. Schwangerschaftswoche (SSW) ab. Meine Frauenärztin stellte die Schwangerschaft fest und teilte mir mit, dass es dem Kind gut gehe und bis dato alles normal entwickelt sei.

Daraufhin haben wir unsere bereits im Januar gebuchte Inselhüpfen-Radreise in Angriff genommen. Es war wirklich eine Herausforderung, täglich 30 bis 50 Kilometer mit dem Rad unterwegs zu sein. Als ich schon in diesem frühen Stadium meine Hosenknöpfe nicht mehr zubekam und auch sonst die Kondition extrem nachgelassen hatte, kam ich etwas ins Grübeln, ob das wohl normal sei.

In der 13. SSW fühlte sich noch immer alles super an und mein Mann und ich gingen voller Vorfreude auf unser erstes Ultraschallbildchen zum nächsten Untersuchungstermin.

Nach langem Herumsuchen der Frauenärztin brach ich endlich das Schweigen: „Stimmt etwas nicht?" „Nein, alles in Ordnung. Hier ist Nummer 1 und hier Nummer 2", entgegnete sie. Wie, wo, was, wir Zwillinge???

Wir waren komplett von der Rolle über diese freudige Nachricht, zudem es in unserer Familie bisher noch nie Zwillinge gab. Sofort riefen wir unsere Familie und engsten Freunde an, um von den neuesten Ereignissen zu berichten.

Die darauffolgenden Monate waren einfach wunderbar. Ich habe die Zeit mit den Jungs im Bauch total genossen.

Ab der 26. SSW wurde ich von der Arbeit freigestellt, da der Gebärmutterhals etwas verkürzt war. In dieser Zeit habe ich bereits alle wichtigen Dinge wie zum Beispiel Einkäufe erledigt, so dass ich im Notfall auf alles vorbereitet war.

Vorzeitige Wehen - Krankenhaus.

Als ich in der 30. SSW zur Vorstellung im Krankenhaus war, wurde uns mitgeteilt, dass ich aufgrund

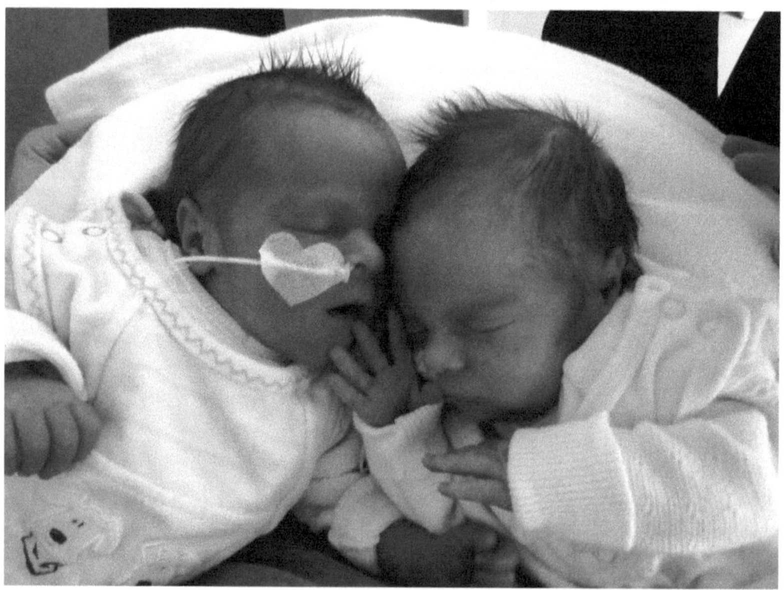

Nach einer wunderbaren Schwangerschaft wurden Anton (links) und Henri nur drei Wochen zu früh geboren. Sie brauchten noch etwas Betreuung in der Neugeborenen-Intensivstation.

und ich durfte bis zur Geburt das Krankenhaus verlassen JUHU! Voller Freude auf mein Zuhause haben wir am 5. Dezember 2013 das Krankenhaus verlassen.

Bereits am nächsten Tag fand ich mich im Kreißsaal wieder, da es den Jungs scheinbar im Krankenhaus besser gefallen hatte. Nach drei anstrengenden Tagen zwischen Bett, Badewanne und Kreißsaal kamen unsere Kinder am 9.12.2013 von frühzeitigen Wehentätigkeiten direkt mein Zimmer im Krankenhaus beziehen könnte. Na toll! Aber auch die kommenden vier Wochen haben wir wunderbar rum gebracht. Meine Familie, Freunde und vor allem mein Mann haben mich super unterstützt und mich immer wieder aufgebaut, wenn mal nicht alles so rosig war.

Vor Weihnachten geht's nochmal nach Hause

In der SSW 34+0 wurde der Wehenhemmer abgestellt, (die kritische Phase war vorbei),

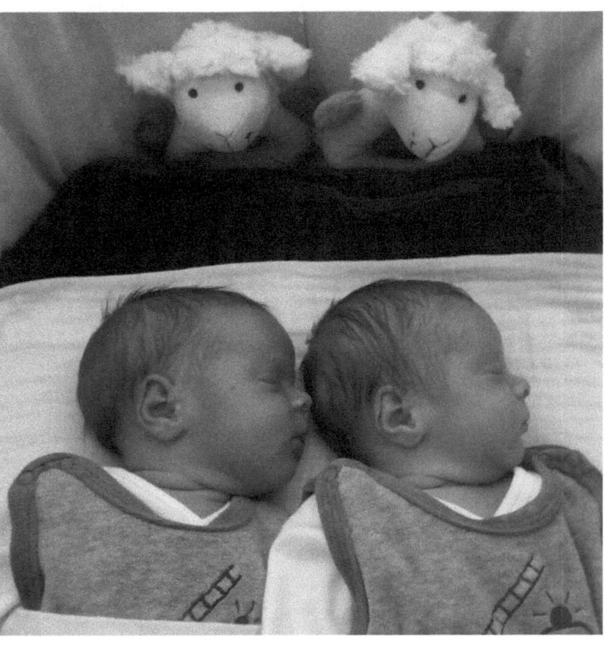

Da kuschelt es sich doch ganz gemütlich im Babybettchen: Anton (links) und Henri mit ihren beiden Kuschelschäfchen.

ganze drei Wochen zu früh spontan auf die Welt. Henri um 21.50 Uhr mit 2.450 Gramm und Anton um 22.02 Uhr mit 2.600 Gramm.

Leider haben wir die beiden nicht sofort auf den Arm bekommen, da die Kinder durch die anstrengende Geburt auf medizinische Unterstützung angewiesen waren. Sie kamen auf die Frühchenstation.

Tolle Betreuung in der Klinik!

An dieser Stelle möchte ich ein herzliches Dankeschön an die Hebammen, Kinderärzte und B2-Team des DIAK SHA aussprechen. Vielen Dank für die gute Betreuung vor, während und nach der Geburt.

Henri und Anton machten tolle Fortschritte und so durften wir nach einem elftägigen Aufenthalt auf der Frühchenstation (die Mami durfte bereits nach fünf Tagen ins benachbarte Diakonissenhaus umziehen) das Krankenhaus verlassen. Endlich! Voller Dankbarkeit, Stolz und Glück präsentierten wir am 21.12.2013 erstmals in den eigenen vier Wänden unser doppeltes Wunder. Wir hätten in Traum nicht daran gedacht, Weihnachten bereits mit unseren beiden Zwergen verbringen zu dürfen. Doch manchmal kommt es besser als man denkt. Ein großer Dank gebührt unserer tollen Familie die immer für uns da ist und uns in jeder Situation unter die Arme greift. Wie lieben Euch !!!

Theresa & Daniel mit Henri & Anton

Jetzt sind Henri (links) und Anton schon „groß" und helfen ihren Eltern und Oma und Opa im Garten.

Sind das Zwillinge?
Ja, vom Mars ...

Wie so vielen Zwillings- und Drillingseltern ergeht es Franziska und ihrem Mann, wenn sie mit ihren Zwillingen Loris und Mattis unterwegs sind. Sie werden angesprochen von Neugierigen, aber auch von ehrlich interessierten Menschen. Mein persönlicher Tipp: nehmen Sie's mit Humor!

„Sind das Zwillinge?" Na, wer von Euch kennt diesen Spruch? Einer von vielen Sprüchen während des täglichen Spießroutenlaufes beim Spazierengehen. Lasst mich raten: Ihr Alle!

„Nein! Den einen haben wir auf der Straße gefunden und dachten, wir nehmen ihn einfach mal mit." Das würde ich in guten Momenten sehr gerne auf die immer wieder beliebte Frage antworten.

Wie geht es Euch so als Zwillingseltern? Ich vermute genauso. Täglich zwischen Genervtheit und Stolz, dass sich Fremde für einen freuen.

Mittlerweile haben mein Mann und ich schon ein best-of-Ranking für die täglichen Kommunikationsversuche uns völlig fremder Menschen in unserem Zwillingsalltag.

Manchmal nervig, manchmal zum Schreien komisch.

Das sind unsere täglichen Klassiker:
- „Das ist aber viel Arbeit?!"
- „Ach, da haben sie ja gleich die komplette Familienplanung durch ..."
- und besonders beliebt „Junge oder Mädchen?"
- Ich persönlich finde ja „Sind das zwei?" besonders kreativ. „Waaas??? Nur zwei??"

Achja, man könnte so schöne Antworten finden. Zwillingserfahrende sollten ja irgendwie zusammen halten, man fühlt ja mit. Aber wieso kommen so viele Leute auf die Idee, dass ich mich für jegliche Zwillingsgeschichte interessiere? „Meine Oma dritten Grades war auch ein Zwilling." „Oh Zwillinge. Ja meine Tochter hat auch zwei." Äh, danke. Ehrlich? Interessiert mich nicht!

Und doch lächeln wir und ringen uns doch wieder ein „Oh ja, wie schön" ab.

Und dann ist da mein persönlicher Favorit: „Sind das echte Zwillinge?" „Ja, was denn sonst?" „Na? Junge und Mädchen!?" Und täglich grüßt das Murmeltier.

Eigentlich ist es ja schön, wenn sich fremde Menschen mit einem freuen, aber da man ja meist selbst nicht unbedingt entspannt ist und vielleicht auch schon fünfmal vorher Auskunft über die Familienverhältnisse gegeben hat, ist das Angesprochenwerden eben auch lästig.

Vor kurzem habe ich einen sehr schönen Satz gelesen „Meine Kinder waren einfach zufällig zur gleichen Zeit am gleichen Ort - keine große Sache - aber für uns das größte Glück!" Ich denke diesen Satz kann man sich doch mal merken.

In diesem Sinne wünsche ich Euch allen starke Nerven. Und denkt dran: „Sie meinen es ja nur gut!" ;-) (Franziska K.)

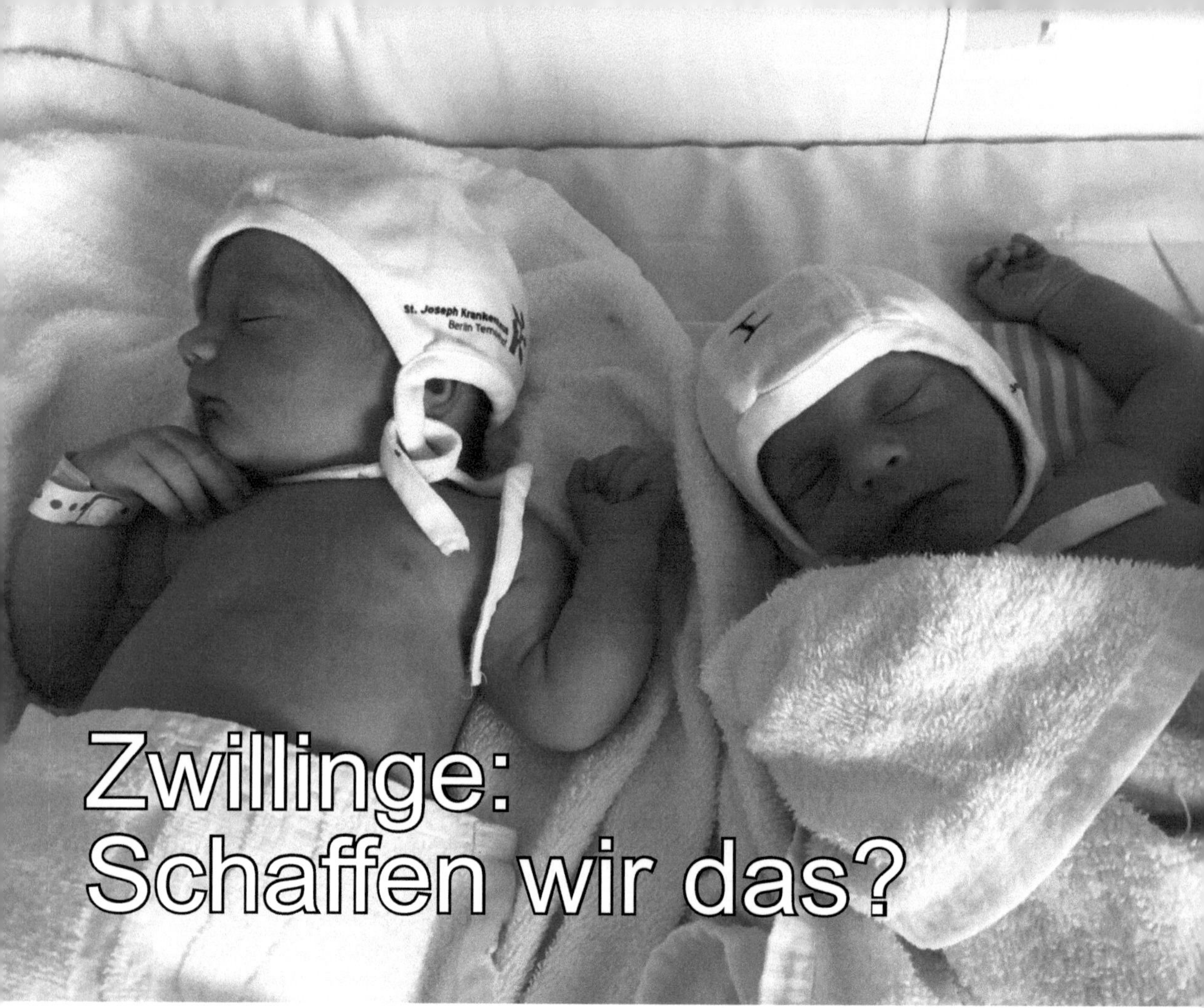

Zwillinge:
Schaffen wir das?

Zwillinge sind für die meisten Paare eine echte Überraschung. So auch für Janine und ihren Mann. Sie fragten sich: Schaffen wir das? Die Schwangerschaft lief allerdings gut (bis auf einen Nierenstau) und auch die Geburt (ein Kaiserschnitt) verlief nach Plan. Und dann kam das echte Abenteuer: Zwillinge.

Ich erinnere mich noch sehr genau an den 10. Dezember 2014, als ich von dem positiven Schwangerschaftstest erfahren habe. Was waren wir glücklich!! Als dann auf dem Ultraschallbild zwei Fruchthöhlen zu sehen waren, war ich doch sehr überrascht.

Zwillinge? Ich? Seitdem fuhren meine Gefühle Karussell. Da war zum einen diese unsagbare Vorfreude, zum anderen aber auch die Angst: Risikoschwangerschaft, schaffen es beide?, schaffen wir das ...?

Meine Schwangerschaft verlief eigentlich recht gut. Die ersten drei Monate hatte ich morgens oft ein flaues Gefühl im Magen, aber ich musste mich nicht (wie so viele andere Schwangere) übergeben. Klar, der Bauchumfang nahm enorm zu, so dass ich im Mai (berechneter Geburtstermin war Mitte August) bereits gefragt wurde, ob es denn bald losgehe.

Ab dann begannen auch die Schlafprobleme. Schlief ich länger auf einer Seite, bekam ich

Schmerzen und ich musste die Seite wechseln. Ich versuchte im Sitzen zu schlafen, aber nichts half.

In der Nacht auf den 10. Juli, über einen Monat vor dem errechneten Termin, hielt ich die Schmerzen nicht mehr aus und mein Mann und ich fuhren ins Krankenhaus.

Nierenstau, aber den Babys geht's gut

Die erste Untersuchung zeigte, dass sich beide Kinder in meinem Bauch sehr wohl fühlten, uns fiel ein Stein vom Herzen. Zum Schluss griff mir die Ärztin in die Nieren und das war es - ich musste vor Schmerzen schreien. Ich hatte einen Stau in den Nieren - bedingt durch das Gewicht der Kinder und die Verdrängung meiner Organe. Die Nacht war lang und ich wurde stationär aufgenommen, da mir am nächsten Tag ein 26 Zentimeter (!) langer Katheter gelegt werden sollte.

Der Katheter wurde mir ohne Betäubung gelegt (nie wieder, es tat sehr weh!) und ich musste mich erstmal daran gewöhnen. Ich habe Schmerzmittel genommen, doch zum Abend ging es mir bei einem Spaziergang mit meinem Mann wieder schlechter und ich konnte kaum laufen.

Auch das CTG, welches bei mir im Kreißsaal gemacht wurde, war auffällig und zeigte Wehentätigkeit an. Mit einem Mal kam eine Ärztin herein und fragte, ob wir uns schon über den Kaiserschnitt, mögliche Risiken, etc. unterhalten haben.

Da wurden wir doch nervös, es waren doch noch vier Wochen zu früh! Nach zwei Stunden aber kam dann Entwarnung und ich konnte doch noch wieder nach Hause. Den Termin für den geplanten Kaiserschnitt (unser Sohn lag in Beckenendlage) bekamen wir dann auch bald mitgeteilt.

Im Kreißsaal: wenig Privatsphäre ...

Am 7.8.2015 war es dann soweit: Ich war sehr nervös und wurde mit dreistündiger Verspätung dann im Kreißsaal vorbereitet. Hier hätte ich mir mehr Privatsphäre erhofft - neben uns, getrennt durch eine Kommode, lag bereits eine Schwangere.

Tom und Nele - gerade geboren. Dann wurde die kleine Familie sich selbst überlassen. Ein bisschen Unterstützung sollte es aber schon geben - wenigstens beim Stillen.

Tom und Nele sind inzwischen ein Jahr alt. Sie haben ihren ersten Geburtstag hoffentlich schön gefeiert. Herzlichen Glückwunsch auch von uns!

An vieles erinnere ich mich jetzt schon gar nicht mehr. Die Hebamme war sehr einfühlsam und fand immer wieder beruhigende Worte. Im OP selbst ging alles sehr schnell. Mir wurde die Spinalanästhesie gelegt, kurz danach kam mein Mann in den OP und wenige Minuten später hörten wir einen zaghaften Laut.

Leider keine Unterstützung beim Stillen.

Unser Sohn wurde uns kurz gezeigt und schon eine Minute später wurde mir unsere Tochter auf die Brust gelegt, da ihre Werte etwas schlechter waren.
Zurück auf der Station waren wir dann eigentlich auf uns allein gestellt und wir hätten uns mehr Unterstützung vor allem beim Stillen gewünscht.
Die Nächte waren natürlich schlaflos und auch zu Hause ging es so weiter. Gleichzeitig schliefen sie nie und auch nach dem Stillen meldeten sie sich spätestens wieder nach eine Stunde.
Ich kann deshalb jeder Zwillingsmutter nur raten, sich ein gutes Netzwerk aufzubauen. Ohne die Unterstützung von meinem Mann und meiner Familie (ein ganz großes DANKE geht dabei an meine Mutti) wären wir sehr viel schlechter dran gewesen.

Wichtig: Baut Euch ein gutes Netzwerk auf!

Erst ab etwa dem zehnten Monat liefen die Tage (und auch die Nächte) besser. Tom und Nele fanden ihren (oft gleichzeitigen) Schlafrhythmus und auch der Mittagsschlaf klappte oft gut. In den Nächten ließen sie uns nun sechs Stunden Schlaf am Stück - endlich!
Es ist kaum vorzustellen, wie schnell die Zeit vergeht und nun feiern Tom und Nele bald bereits ihren ersten Geburtstag! Ein Leben ohne die zwei ist inzwischen für uns nicht mehr vorstellbar, sie sind unser größtes Glück!

(Janine M.)

Zehn Dinge über den Kaiserschnitt, die einem niemand sagt

Viele Zwillinge werden per Kaiserschnitt entbunden. Womit viele Zwillingsmütter nicht rechnen: Ein Kaiserschnitt ist keineswegs leichter zu verkraften als eine vaginale Entbindung. Körperlich wie auch seelisch muss beides erst einmal verkraftet werden. Auf Facebook hat sich eine amerikanische „Kaiserschnitt-Mum" Luft gemacht.

Zwillinge werden sehr häufig per Kaiserschnitt geboren (Einlinge leider auch zunehmend!). Wer, um etwas Gutes daran zu finden, vorher noch gedacht hat, „ach, dann fallen wenigstens die schmerzhaften Wehen weg!", der wird hinterher wissen, dass er mit einigen Folgen eben doch nicht gerechnet hat.

Auch bei einem Kaiserschnitt können hinterher starke Blutungen (vaginal) auftreten ...

Auch wenn kein Baby durch den Geburtskanal gepresst wird, gibt es nach einem Kaiserschnitt vaginale Blutungen. Die bleiben ja nicht aus, bloß weil die Babys operativ geboren werden. Diese (normalen) Blutungen sind auch nicht unbedingt geringer als nach einer vaginalen Entbindung.

Der Beckenboden wird ebenso in Mitleidenschaft gezogen

Wer denkt, dass der Beckenboden nur durch eine vaginale Geburt in Mitleidenschaft gezogen wird, irrt. Natürlich muss der Beckenboden ebenso wie bei einer vaginalen Geburt schon vorher Schwerstarbeit leisten und die Zwillinge

„tragen". Es hilft also nichts - nach der Geburt per Kaiserschnitt braucht es ebenso wie nach einer vaginalen Entbindung Beckenbodentraining, um wieder halbwegs in den eigenen Körper vertrauen zu können.

Auch ohne Druck bei der Geburt kann es zu Hämorrhoiden kommen

Eine weitere Überraschung wartet möglicherweise auf die jungen Mütter. Zwar werden die Zwillinge nicht durch Presswehen herausgedrückt, doch Hämorrhoiden sind auch im Falle einer Kaiserschnittgeburt möglich.

Der Bauch hängt nach der OP

Was passiert mit dem Bauch, dessen Muskeln ja durchtrennt werden bei der Operation? Wie wird der Körper danach aussehen?
„Als ich in der Klinik zum Duschen ging, erhaschte ich einen Blick in den Spiegel", sagt Christa B., die vor ein paar Tagen Zwillinge per Kaiserschnitt entbunden hat, „furchtbar! Mein Bauch hing vorne über - wie sollte ich das jemals wieder hinkriegen?!"
Eine Kaiserschnittgeburt wird eben auch nicht im Spazierengehen erledigt. Die körperlichen Veränderungen haben sowieso schon während der langen Schwangerschaft stattgefunden und es braucht eben auch seine Zeit, bis sich das Bauchgewebe wieder gestrafft hat.
So geht es den meisten Frauen - egal, wie sie entbunden haben. Sobald die Muskeln wieder zusammengewachsen und ihre alte Stärke wieder gewonnen haben, verschwindet diese „Schürze" aus labbrigem Gewebe wieder. Man muss halt etwas dafür tun.

Auch Wassereinlagerungen können vorkommen

Auch das scheint „normal" zu sein. „Ich konnte zusehen, wie meine Gelenke anschwollen nach der OP", erinnert sich Zwillingsmutter Christa.

Nach einigen Tagen war der Spuk vorbei.

Es tut wirklich weh ...

Wehen tun weh. Aber tut ein Kaiserschnitt auch weh? Ja, na klar. Es ist eine richtige Operation. Währenddessen verhindert die Narkose (PDA oder Vollnarkose) die Schmerzen, danach werden Schmerzmittel gegeben. Aber Tag 2 könnte ein richtig schlimmer Tag sein. Den gilt es zu überwinden, danach geht es bergauf. Wer hat jemals gesagt, dass eine Kaiserschnittgeburt nicht weh tut?
Deshalb ist jede Frau, die ihre Zwillinge (oder ein einzelnes Baby) per Kaiserschnitt entbunden hat, gut beraten, noch eine Weile in der Klinik zu bleiben und sich versorgen zu lassen.
Deshalb ist es auch wichtig, sich nach dem Kaiserschnitt erst einmal zu schonen. Ein ständiges Hin und Her zwischen Kinder-station (oder Neugeborenen-Station) ist nicht förderlich. Gönnt Euch und Eurem Körper, der Großes vollbracht hat, eine Pause.

Der Katheter wird Euer bester Freund

Natürlich ist es irgendwie unkomfortabel, mit einem Blasenkatheter durch die Gegend zu gehen. Aber, wer direkt nach dem Kaiserschnitt Schmerzen hat, wird es zu schätzen wissen, wenn er nicht gleich aufs Klo gehetzt wird. Die OP-Wunde tut vielleicht einfach zu weh.

Die Erholung kann lange dauern

Am besten macht man sich damit vertraut, dass man nach einem Kaiserschnitt erst einmal keine Bäume ausreißt. Klar, gibt es Frauen, die sofort zu alter Stärke zurückfinden. Aber nicht alle Frauen stecken eine OP wie diese so einfach weg. Deshalb seid geduldig mit Euch und Eurem Körper.
Und nicht vergessen: Mit Zwillingen seid Ihr sowieso doppelt gefordert. Sucht Euch beizeiten Hilfe und nehmt angebotene Hilfe auch an.

Die Kaiserschnittnarbe kann eine lange Zeit brennen

Die Kaiserschnittnarbe kann äußerlich längst verheilt sein und doch spürt man innerlich ein Brennen. Auch das ist normal unds wird mit der Zeit nachlassen.

Es ist in Ordnung, sich traurig oder enttäuscht zu fühlen

Darf man eigentlich sagen, man habe die Zwillinge geboren, wenn sie doch operativ entbunden worden sind? Ist es nicht eher so, dass sie einem „entnommen" worden sind? Es fehlt der Wehenschmerz, aber auch die Hochstimmung, die mit einer „normalen" Geburt einhergehen. Viele Mütter fühlen sich, als hätten sie „versagt" in ihrer Rolle als Gebärende.
Sind solche Gefühle normal bei einer Kaiserschnittgeburt? Oder hat das negative Grundgefühl eher damit zu tun, dass die frischgeborenen Zwillinge gleich in einen Behandlungsraum gebracht werden, also nicht da sind, wo sie eigentlich hingehören: bei der Mutter?
Solche Negativgefühle sollten eigentlich keine Rolle spielen. Das Wichtigste ist doch, dass die Babys wohl auf sind und gesund geboren wurden. Und schließlich haben gerade Zwillingsmütter es absolut nicht in der Hand, wie ihre Zwillinge geboren werden. Medizinische Erfordernisse stehen dem entgegen.
Und doch muss man diese Gefühle zulassen. Es macht keinen Sinn, sie unterdrücken zu wollen. Arrangiert Euch also mit der Geburt Eurer Kinder. Akzeptiert die Kaiserschnittgeburt als etwas, das dafür gesorgt hat, dass alle wohl auf sind. Niemand kann eine werdende Mutter für Kaiserschnittgeburt verantwortlich machen. Keine Mutter sollte sich schlecht fühlen und keine erhaben über andere.
Kaiserschnittgeburten sind aus vielerlei Gründen keineswegs leichter oder leichter wegzustecken als eine vaginale Entbindung. Und das sollten sich gerade auch werdende Zwillingsmütter immer bewusst machen. Denn auch das ist wichtig: Wer gut informiert in eine Kaiserschnittgeburt geht, kann besser damit umgehen.

(Nach einem Beitrag auf Facebook)

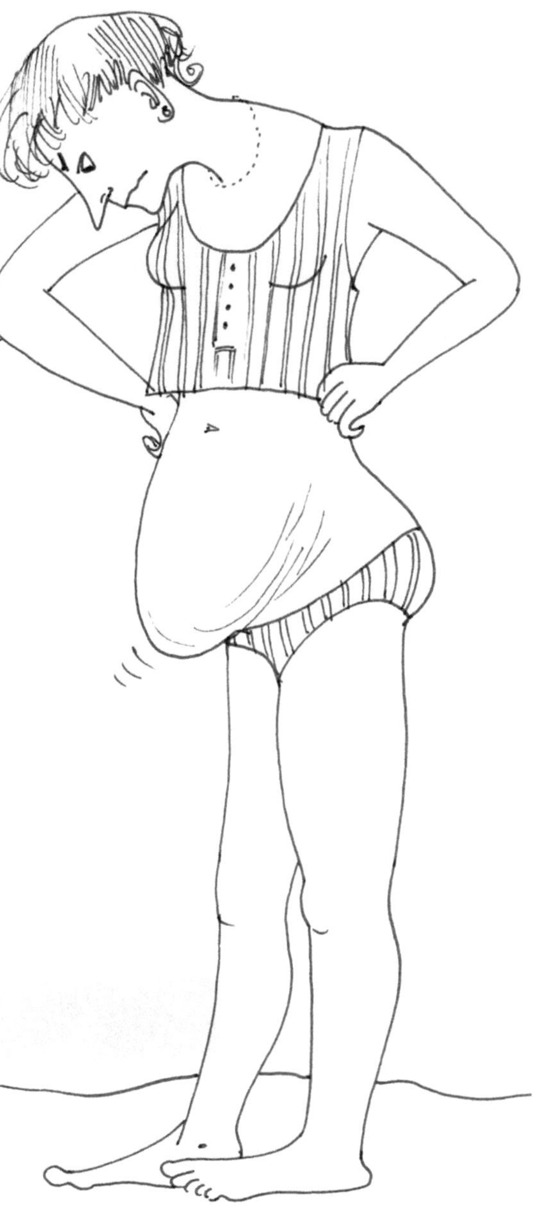

So hilft das Pucken beim Schlafen

Zwillingsmutter Pamela aus Amerika empfiehlt das Pucken für neugeborene und kleine Babys. Sie weiß, dass Kinder, die darauf ansprechen, besser schlafen, wenn sie fest eingewickelt sind. Sie haben dann ein Gefühl wie im Mutterleib.

Was gibt es wichtigeres für frischgebackene Eltern von Zwillingen oder Drillingen, als wieder einmal eine „Mütze voll Schlaf" zu kriegen? Zwillingseltern würden sicher alles dafür tun, ihre Babys zum Schlafen zu bringen und dazu, bitte auch durchzuschlafen. Ganz klar: nur ein schlafender Zwilling ist ein guter Zwilling, denn dann kommen auch die Eltern zum Schlafen und sind deshalb ausgeruhter und können sich gelassener dem Alltag mit zwei Kleinkindern (plus eventuellen weiteren Kindern) widmen.

Fest einwickeln hilft Babys

Eine gute Idee scheint da das sogenannte Pucken zu sein. Was ist Pucken? Dabei wir ein Baby relativ fest in Tücher eingewickelt, so dass es in der relativen Enge vor allem Geborgenheit erfährt, die es bereits aus dem Mutterleib kennt. Die amerikanische Autorin Pamela Prindle Fierro denkt beim Pucken an ein mexikanisches Gericht, einen „Baby Burrito", also eine kleine Roulade aus einem weichen Tuch und einem fest darin eingewickelten Baby.

Andere Experten, zum Beispiel der amerikanische Autor eines Standardbuches zum Thema Babyschlaf, Dr. Harvey Karp, bleibt da realistischer: „Babys, die gepuckt schlafen, haben das Gefühl wie im Mutterleib. Es hilft auch, dass sich die Babys nicht selbst wecken oder löst einen Beruhigungsreflex aus, so dass sie sich schnell wieder selbst beruhigen."

Hilft das Pucken auch bei Zwillingen? Einen Versuch ist es auf jeden Fall wert. Nicht alle Babys mögen es, so fest eingewickelt zu werden. Und vielleicht ist nur einer der beiden für

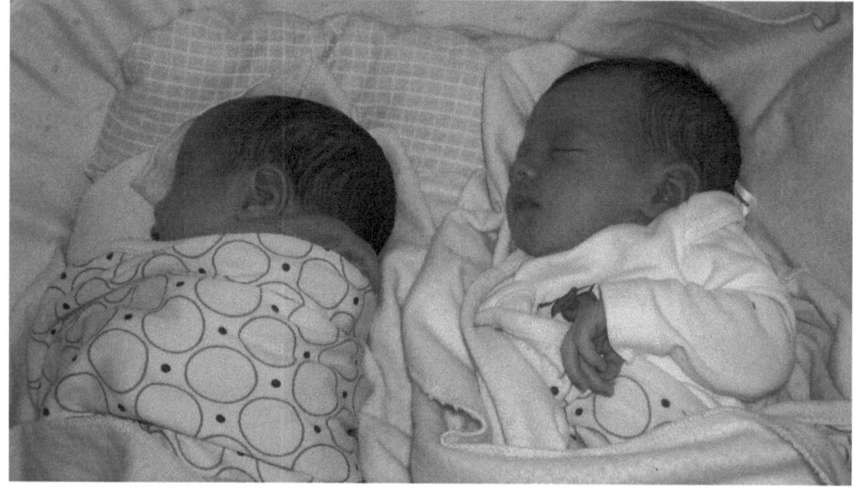

So süß schlafen die Zwillinge hier nur, weil sie gut eingewickelt sind - in ein spezielles Tuch zum „Pucken".

diese Schlafmethode im Tuch geeignet. Dann schadet es nicht, wenigstens dieses Kind fest einzuwickeln.

Pucken ist vor allem etwas für neugeborene Babys

Wie lange kann man das Pucken anwenden? Es ist vor allem eine gute Methode für Neugeborene oder jüngere Babys. Sobald Babys anfangen, sich herumzurollen (vom Bauch auf den Rücken und zurück), hat das Pucken ausgedient und ist sogar eher gefährlich. Deshalb wird von vorsichtigen Kinderärzten empfohlen, das Pucken nicht länger als zwei Monate anzuwenden. Bei Frühchen kann man es sicher länger anwenden, sollte aber mit seinem Kinderarzt sprechen.

Wann soll ein Baby gepuckt werden? Sicher nicht den ganzen Tag, Babys müssen sich ja auch bewegen können. Vielleicht wenden Sie das Pucken nur in der Nacht oder wenn Sie lieber ein Auge auf Ihre schlafenden Babys haben wollen, nur tagsüber, während der kleinen Nickerchen, die die Babys ja immer wieder machen.

Babys sollten stets auf den Rücken zum Schlafen gelegt werden und es braucht weder Kissen, noch weitere Decken, noch Kuscheltiere im Bett. Wichtig ist auch, dass die Babys nicht überhitzen können, wenn sie so fest eingewickelt sind. Wenn das Baby stark schwitzt, nasses Haar hat oder rote Backen, dann ist das Pucken eindeutig zu warm in diesem Moment.

Überhaupt sollte man das Tuch nicht zu fest wickeln.

Und vielleicht besorgen Sie sich spezielle Tücher fürs Pucken. So ein spezielles Tuch gibt es zum Beispiel bei www.nonomo.de (dort gibt es auch eine tolle Zwillingswiege, über die wir schon einmal berichtet haben) oder bei www.puckhilfen.de. Und dort gibt es auch gleich die entsprechende Anleitung dazu.

Informationen einholen und auf diese Weise teure Fehlkäufe vermeiden

Welche Produkte sind wichtig für Zwillings- und Drillingseltern? Wie finden sie den besten Kinderwagen? Und was ist von speziellen Stillkissen zu halten?

Annette Wulf, Inhaberin des online-Shops Zwillingsburg hat ein informatives Buch zum Thema zusammen gestellt, in das nicht nur ihre eigenen Erfahrungen, sondern auch die zahlreicher Zwillings- und Drillingseltern eingeflossen sind. Die dritte überarbeitete Auflage ist da! **20 Seiten zusätzlich!**

Ab sofort unter www.twins.de, www.zwillingsburg.de und im Buchhandel (online und Ladengeschäften) für 18,99 € zu bestellen. Auch als E-Book für 11,99 €.

Zehn Tipps für Frühchenmütter

Zwillinge kommen oft zu früh auf die Welt, nicht zwangsläufig natürlich, aber es kann nicht schaden, sich mit dem Thema vorher zu beschäftigen. Für Tina war es jedenfalls ein Schock, mit dem sie nicht gerechnet hatte. Sie gibt folgende Tipps.

Als ich schwanger war mit meinen Pärchenzwillingen wusste ich natürlich, dass Zwillinge oft zu früh geboren werden. Was ich nicht wusste, war, dass mein „gemischtes Doppel" (Mädchen/Junge) in der 31. Schwangerschaftswoche mit einem Notkaiserschnitt geboren werden würde und dass wir ganze viereinhalb Monate in der Klinik verbringen mussten. Hier sind meine wichtigsten Tipps aus 133 Tagen auf der Neonatologie.

1. Bist Du mit Zwillingen schwanger, schau Dir eine Neugeborenen-Intensivstation an

Wenn verschiedene Kliniken in Frage kommen, dann such' Dir eine mit angeschlossener Neonatologie aus. Auch in diesen Frühchenstationen gibt es Unterschiede. Nicht alle Kliniken sind für Extrem-Frühchen gerüstet.
Die Frage ist auch, ob Du rund um die Uhr bei Deinen Kindern sein darfst oder ob die Klinik Deiner Wahl für die Frühchenstation feste Besuchszeiten vorsieht. Schöner ist natürlich, wenn Du jederzeit zu Deinen Babys kannst. Wie ein gutes, altes Sprichwort sagt: Hoffe auf das Beste und sei für das Schlechteste vorbereitet.
Wenn es geht, schau' Dir eine solche Frühchenstation an. Dann verliert sie ihren Schrecken.

2. Der Aufenthalt auf einer Neonatologie kann ein traumatisches Erlebnis sein

Ich war damals voll naiv, was die Unterbringung meiner Zwillinge auf der Neugeborenen-Intensivstation anbelangte. Erst als ich meine kleinen, armen Würmchen da so hilflos und verkabelt liegen sah, begriff ich, dass ich mit allem rechnen musste. Die vielen Monitore, die ständigen Alarmsignale überall - das machte mich wirklich fertig.
Anfangs verstand ich nur „Bahnhof", wenn die Ärzte und Schwestern mit mir sprachen. Doch schon bald konnte ich mit den Fachbegriffen etwas anfangen. Mir hat immer sehr geholfen, mich zu informieren. Und schon bald gewöhnte ich mich an die vielen technischen Geräte.
Jede Mutter, die sehen muss, wie ihre Babys um jeden Atemzug kämpfen müssen, wird sich schuldig fühlen, wenn sie nach Hause gehen muss und ihre kleinen Frühchen in der Klinik bleiben müssen. Du wirst Dich vielleicht auch ganz allein fühlen, aber das bist Du nicht. Ich bin ganz sicher, dass auch alle anderen Eltern, die dort ein Kind zu liegen haben, dasselbe fühlen.
An einigen Tagen wird es mit Deinen Babys einen Schritt vor und zehn Schritte zurück gehen. Bedenke dabei, dass Deine Babys ja eigentlich noch im letzten Schwangerschaftsdrittel sind und hab' Geduld. Freu' Dich über die kleinen Fortschritte und auf den Tag, an dem die Zwillinge oder Drillinge keine Atemhilfe mehr brauchen. Diesen Tag kannst Du dann wirklich feiern.

3. Vertrau den Ärzten, aber auch Deinem Gefühl

Kinderärzte auf der Neonatologie sind besondere Menschen. Sie haben ihre Karriere den kleinen

Frühchen gewidmet, die sie am Leben erhalten wollen. Doch sie sind auch nicht allwissend und jedes Baby ist anders. Frag' also nach, wenn Dir eine Behandlungsmethode nicht gefällt und lass' Dir erklären, warum das so oder so gehandhabt wird. Wenn Du Fragen hast, trau' Dich zu fragen. Als meine Babys auf dieser Station lagen, hatte ich zeitweise das Gefühl, als müsste ich - die Mutter! - um Erlaubnis fragen, um meine Babys zu berühren. Es sind Deine Kinder! Und Du hast ein Recht darauf, umfassend und über alle Behandlungsmethoden informiert zu werden. Also keine Scheu, Fragen zu stellen!

4. Sei nett zu den Kinderschwestern

Sei besonders nett zu den Kinderschwestern. Denn sie sind die wichtigsten Pflegepersonen für Deine frühgeborenen Babys und im Klinikalltag bekommen Krankenschwestern eher nicht den Respekt, den sie bekommen sollten. Also, nett sein, mal ein Stückchen Kuchen für alle mitbringen oder eine Runde Kaffee ausgeben. Wenn Du nicht bei Deinen Babys sein kannst, ist die zuständige Schwester die Ersatzmutter für Deine Kinder.

Außerdem bewährt es sich, die Schwestern auf Deiner Seite zu haben, wenn Du etwas fragen willst. Ärzte haben oft keine Zeit oder sind gar nicht auf der Station. Die Schwestern sind immer da und können Dir Auskunft geben.

5. Lass' Dir helfen, Milch für Deine Babys zu haben

In den meisten Kliniken wird heute sehr großen Wert darauf gelegt, den Frauen jede erdenkliche Hilfe beim Stillen zukommen zu lassen. Lass' Dir ebenfalls helfen, frage nach einer Stillberatung (oft kommen auch externe Stillberaterinnen, um die jungen Mütter zu unterweisen ins Haus) und informiere Dich anhand eines guten Ratgebers, (Anm. d. Red.: „Zwillinge stillen" von Susanne Wittmair, bei uns unter www.twins.de).
Sei nicht verzweifelt, wenn das Abpumpen nicht gleich klappt oder zu wenig Milch ergibt. Verlier' nicht den Mut und bleib dran. Es ist das Beste für Deine Babys.
Sei aber auch nicht traurig, wenn zugefüttert werden muss. Die Kliniken haben schon eine große Erfahrung mit Frühchen und verwenden bestimmt eine Milch, die sehr verträglich ist.

6. Wenn Du traurig bist, such' Dir Hilfe!

Wenn Babys unter nicht idealen Bedingungen, also viel zu früh geboren werden, ist die postnatale Depression oft nicht weit. Wenn Du über die Maßen traurig bist und Deine negativen Gefühle (auch Angst, Erschöpfung, Enttäuschung, Bedau-

Interessante Erfahrungen in unserem Buch

Wer mehr zum Thema Frühchen lesen möchte, kann sich unser Erfahrungsbuch für Frühcheneltern besorgen. Darin enthalten die vielen Familiengeschichten von Zwillingseltern, aber auch von Familien, die nur ein Kind bekommen haben - und das viel zu früh.

14,90 Euro

im Buchhandel und unter www.twins.de

ern, Verlustangst) überhand nehmen, such' Dir Hilfe und jemanden, mit dem Du darüber sprechen kannst.

Als ich Frühchenmutter wurde, hatte ich plötzlich Beklemmungen. Ich war so unsagbar traurig und verzweifelt. Ich bemühte mich, mehrmals täglich in der Neugeborenen-Station zu sein, aber ich fühlte mich dort völlig fehl am Platz. Ich kam mir vor, wie die größte Versagerin aller Zeiten.

Wenn die Ärzte mit mir sprachen, konnte ich meine Tränen nur mit Mühe zurückhalten, ich nickte nur und eine normale Konversation mit mir war nicht möglich. Wenn das Abpumpen trotz vieler Stunden an der Pumpe nicht klappte, fühlte ich mich so nutzlos. Und wenn die Monitore meiner Babys verrückt spielten, fühlte ich mich völlig hilflos.

Eines Tages gab es bei beiden gleichzeitig Alarm. Doppelalarm. Mein Herz raste und ich wollte nur noch wegrennen. Stattdessen rief ich später meinen Arzt an und bat um Hilfe. Er hörte sich meine Sorgen an und verschrieb mir dann ein Antidepressivum. Und das half mir, meine aus der Spur geratenen Gefühle zu kontrollieren.

Ich habe mich nicht dafür geschämt, Medikamente gegen meine Depression zu nehmen. Meine Babys brauchten jetzt keinen Jammerlappen, sondern eine starke Mutter, stark wie ein Tiger. Wer keine Medikamente nehmen möchte, sollte sich psychologische Hilfe oder eine Selbsthilfegruppe suchen.

7. Verlier' Deinen Humor nicht - Lachen ist gesund!

Ich weiß, es ist wirklich alles andere als lustig, Deine Babys zu beobachten, wie sie um ihr kleines Leben kämpfen. Aber mit Humor geht vieles besser. Deshalb ist auch auf der neonatologischen Station Lachen erlaubt.

In der Nähe eines meiner winzigkleinen Babys lag zum Beispiel ein riesiges, übertragenes Baby im Wärmebettchen. Es war etwa dreimal so groß, wie mein Baby und sicher war es auch arm dran,

vor allem aber sah es alles andere als niedlich aus. „Hoffentlich ist das nicht ansteckend ...", wisperte mein Mann und wir mussten beide lachen. Und das darf man auch in dieser Situation.

8. Die kleinen Babys sind viel stärker als Du denkst

Unterschätze die kleinen Frühchen nicht. Sie mögen winzig sein, aber sie sind viel stärker als Du denkst. Vertrau darauf, dass sie kleine Kämpfer sind! Als es meinen Frühchen schlecht ging und sie ein Antibiotikum bekommen sollten, sagte mir der Kinderarzt: „Das vertragen sie besser als normal geborene Babys. Frühchen sind stärker als man denkt!"

9. Wenn Deine Zwillinge zu Hause einen Monitor oder Sauerstoff brauchen - das schaffst Du auch noch!

Die Zeit, die Deine Babys auf der neonatologischen Station verbringen müssen, ist vielleicht eine sehr angespannt Zeit, aber sie hat doch auch den Vorteil, dass Du nach dieser langen Verweildauer ein Profi im Umgang mit technischem Equipment wie Monitoren oder Sauerstofftanks bist. Und wer es geschafft hat, bis hierher durchzuhalten, der schafft auch den Rest! Deshalb keine Angst vor medizinischen Geräten, die Du vielleicht für eine Weile mit nach Hause nehmen musst, um im Notfall schnell eingreifen zu können.

10. Liebe Dich selbst und gönn' Dir was!

Du fühlst Dich vom Schicksal schlecht behandelt? Du beneidest andere Zwillingsmütter, die ihre Babys austragen konnten? Du findest Dich unattraktiv und bist stets überfordert?
Tu' etwas für Dich und es wird Dir schnell besser gehen! Tu' Dir nicht leid, sondern hab' Dich lieb. Und freu' Dich an Deinen Zwillingen, die es bald geschafft haben! (Tina M.)

Tipp: Beschäftigung nicht nur im Sommer ...

Wie können sich Zwillings- und Drillingseltern den Alltag mit ihren Kindern leichter und damit noch schöner machen? Ihre praktischen Tipps - gern mit Foto oder Zeichnung/Anleitung veröffentlichen wir hier. Hier eine Idee von Theresa S.

An meinem freien Freitagvormittag schien endlich mal wieder die Sonne. Und anstatt mich mit den üblichen Hausarbeiten zu beschäftigen, habe ich alles stehen und liegen gelassen um mir mal wieder etwas Zeit für mich zu nehmen. Da fiel mir ein … hey die Juni-Ausgabe von ZWILLINGE müsste ja schon da sein. Meine eineiigen Jungs sind nun 2,5 Jahre alt. Und ich kann Euch beruhigen, es wird einfacher je älter sie werden. So geht es zumindest mir bzw. uns. Um Henri und Anton (damals acht Monate) im Garten bei Laune zu halten, hatte meine Mutter eine tolle Idee. Ich muss dazu sagen, unsere Jungs konnten schon sehr früh sitzen und sie haben sich auch im Sitzen fortbewegt (Popo-Rutscher). Gekrabbelt sind sie nie. Und nun zu der Idee meiner Mum für nicht-badetaugliche Tage. Einfach das gepolsterte Schwimmbecken im Garten aufstellen, Kinder rein, Spielzeug rein und schon waren die beiden beschäftigt und konnten nicht so leicht abhauen. Zudem war alles rundum gepolstert. Viel Spass beim Ausprobieren und kurzzeitigen Entspannen.

Liebe Grüße - Theresa S.

Sommerspaß für kleine Zwillinge im Garten - hier sind Henri und Anton acht Monate alt.

Idee: Zwillingskissen zur Fütterung

Hier greift wieder einmal ein altes Sprichwort: „Not macht erfinderisch". Olivia Anderson aus Australien empfand vor allem die Fütterungszeiten im ersten halben Jahr als stressig. Die Mutter von vier Jungs entwickelte das Twincredible Feeding Pillow. Hier ist es.

Meist sind es kreative Zwillingseltern, die sich Produkte einfallen lassen, die im Alltag eine große Hilfe sein können. So geschehen auch im fernen Australien, wo Olivia und ihr Mann Shane ein spezielles Fütterungskissen für Zwillinge entwickelten.

Als sie Eltern von Zwillingen wurden, hatten sie bereits zwei kleine Kinder. Und mit den Zwillingsjungs haben sie jetzt vier Jungs.

Ganz klar, die ersten sechs Monate mit der erweiterten Familie waren hart. Vor allem die Fütterungszeiten bereiteten Olivia viel Stress. Wie sollte sie ihre Zwillinge gleichzeitig füttern, wenn sie eigentlich nur eines der Kinder vernünftig im Arm halten konnte?

Alles, was Olivia an Ratschlägen erhielt, war: „Schau, dass Deine Babys denselben Rhythmus haben." Noch schwieriger - denn wie gesagt - zwei gleichzeitig zu füttern ist ein höchst schwieriges Unterfangen.

Anfangs bekamen die beiden Kleinen täglich bis zu acht Fläschchen gereicht, das machte im ersten halben Jahr 1.440 Fütterungen für jedes Baby - also bei Zwillingen doppelt so viel. „Nachdem ich nichts auf dem australischen Markt fand, das mir das Füttern erleichtern konnte, musste ich mir selbst etwas einfallen lassen", erzählt Olivia Anderson. Und so wurde das „Feeding Pillow for Twins" geboren.

Das „Twincredible Feeding Pillow", wie es richtig heißt, ist ein Kissen, mit dessen Hilfe Zwillingseltern ihre Zwillinge gleichzeitig und sicher mit einem Fläschchen füttern können. Die Kinder liegen in diesem Kissen genau in der richtigen Position und leicht aufrecht, so dass es nicht zum Verschlucken von Milch kommt.

Die Babys liegen nebeneinander und es ist leicht, ihnen gleichzeitig jeweils ein Fläschchen zu geben, weil derjenige, der die Zwillinge füttert, beide Hände frei hat. In diesem Kissen sind die Zwillinge auch gut aufgehoben, wenn die Mama eines der beiden

Olivia Anderson aus Australien hat das Twincerdible Feeding Pillow, ein Fütterungskissen, erfunden. Mehr Info unter www.twincredible.com.au

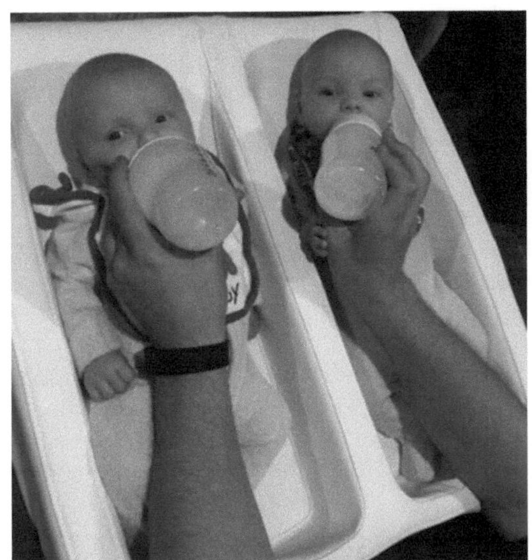

hochnimmt, damit es ein „Bäuerchen" machen kann oder wenn eines der beiden gewickelt werden muss.

Wird für die ersten Monate empfohlen

Das Fütterungskissen hat eine leichte Neigung von etwa 30 Grad, was wichtig ist, damit sich die Babys nicht verschlucken. Und die Tiefe des Kissens beträgt im Fußbereich etwa zehn Zentimeter. So bleiben die Babys schön in Position liegen und kullern nicht aus dem Kissen heraus.

Wie lang kann man so ein Fütterungskissen verwenden? Olivia empfiehlt es mindestens für die ersten sechs Monate. Es hängt natürlich davon ab, wie groß die Zwillinge sind.

Und ganz sicher kann man den Zwillingen darin auch den ersten Karottenbrei geben. Damit das Fütterungskissen leicht zu reinigen ist, ist der Bezug aus Kunstleder. So lassen sich Flecken leicht mit einem Schwammtuch entfernen. Und natürlich könnte man den Babys noch eine feine Stoffwindel unterlegen, bevor man sie in das Twincredible Feeding Pillow legt. Dann ist es von der Oberfläche her angenehm und das Kissen selbst ist gut geschützt.

Das Fütterungskissen kostet in Australien 150 Australian Dollar. Im Moment kann man es noch nicht in Europa kaufen, denn allein die Einzelfracht für so ein Kissen läge bei 200 Australian Dollar. Olivia hat es für uns umgerechnet: das wären circa 236 Euro.

Jetzt soll das tolle Fütterungskissen erst einmal in den USA eingeführt werden. Europa kommt später dran ... Wir freuen uns drauf!

ZWILLINGE stillen ... statt Fläschchen

Für alle (werdenden) Zwillingsmütter, die es versuchen wollen, ihre Zwillinge zu stillen, hat Stillberaterin und Zwillingsmutter Susanne Wittmair einen Ratgeber geschrieben, der nicht nur in Krisensituationen hilft. Hier finden Sie auch Rezepte für das Essen in der Stillzeit und sogar Rezepte, wie man am besten abstillt nach einer langen, glücklichen Stillzeit mit Zwillingen.

„Zwillinge stillen - Wege zu einer harmonischen Stillbeziehung",
Susanne Wittmair, Verlag von Gratkowski, 19,90 Euro,
ISBN 978-3-927058-16-3, im Buchhandel und bei www.twins.de

Total mobil mit dem Bollerwagen

Das können wir nur empfehlen: Zwillingsfamilie P. hat sich neu orientiert und einen faltbaren Bollerwagen angeschafft. Mit den richtigen Rädern ausgerüstet, ist er jetzt schon zu Hause unterwegs und demnächst im Urlaub in Schweden.

Wir haben uns jetzt auch einen faltbaren Bollerwagen gekauft, da unsere Jungs immer weniger im Buggy sitzen wollen und lieber die Welt entdeckten wollen.

Aber wenn man unterwegs ist, kommen Emil und Sören eben manchmal doch auch an ihre Grenzen und wollen dann nicht mehr laufen. Und die Jungs zu tragen, das macht man auch nur einmal, da die beiden ja auch nicht mehr so leicht sind.

Also haben wir überlegt, welches Transportmittel für uns in Frage kommt. Und das könnte ein Bollerwagen sein, der leicht ist und zusammengelegt werden kann, so dass er wenig Platz wegnimmt.

Weitere Überlegungen waren: Man kann alles einfach in den Bollerwagen rein tun und wenn die Jungs nicht mehr laufen wollen, setzen sie sich einfach auch mit rein.

Und der große Bruder Björn muss ziehen ;-)

oder besser gesagt: Björn hilft mitzuziehen, so lange er Lust dazu hat ;-)

Wir haben uns also einen solchen Bollerwagen angeschafft und haben ihn schon fleißig im Test. Der richtige Einsatz kommt allerdings erst noch, wenn wir demnächst in den Urlaub nach Schweden fahren. Da der Bollerwagen zusammengeklappt werden kann, wird er viel weniger Platz im Auto brauchen als der Zwillingsbuggy, der ja auch zusammengeklappt werden kann. Und bei dem vielen Gepäck, das mit muss, ist das sehr

praktisch. Eine einzige Sache, die uns an dem Bollerwagen nicht gefallen hat, waren seine einfachen Räder aus Plastik. Die sind nicht nur sehr laut beim Rollen, sie sind ja auch nicht gerade geländetauglich und das sollten sie schon sein.

Also haben wir die Räder einfach ausgetauscht und die Räder vom alten Kinderwagen an den Bollerwagen geschraubt und jetzt ist alles super. Schweden kann kommen.

Bis bald sagen Björn, Sören und Emil Pampel

Mobil mit Zwillingen - einmal anders …

Wir haben nach neuen Ideen für den Transport von Zwillingen gefragt und drei schöne Beiträge dazu erhalten. Inga benutzt ein Pferd, Uropa Host einen Traktor von Fendt, den er mit einem selbstgebauten Zwillingssitz bestückt hat und Cornelia S. greift zum Leiterwagen.

In der aktuellen Ausgabe suchen Sie Bilder von Fahrzeugen. Dieses ist unser liebstes „Fahrzeug". Jasper und Tilia sind hier 14 Wochen und durften mit Mama Inga das Pferd von Oma reiten.

Hier ist viel los, daher komme ich nur selten zum Schreiben … Das Pferd heißt Strakur. Er ist jetzt mit 19 Jahren unser ältester und inzwischen sehr ruhig.

Da ich alle unsere Pferde selber ausgebildet habe, kann ich recht gut einschätzen, wem ich was zutrauen kann. Das ist natürlich ein Privileg! Wir sind hier direkt an der Nordsee, in der Nähe von St. Peter Ording. Wenn hier ein wenig Ruhe eingekehrt ist (gefühlt in 20 Jahren …) setzte ich mich auch mal hin und schreibe ein, zwei Berichte für Ihre tolle Zeitschrift!
Liebe Grüße Inga R.

Sie haben in der Juni-Ausgabe Ideen für die Fortbewegung mit mehreren Kleinkindern gesucht. Da fiel mir spontan unser Uropa Host ein. Henri und Anton (zwei Jahre) sind wie fast alle kleinen Jungs total an Schleppern, Traktoren etc. interessiert. Wie gut, dass sie da einen Uropa haben, der mehrere Traktoren auf dem Hof hat.

Henri und Anton wollten beide beim Uropa mitfahren

Jedoch hatten wir schnell einen kleinen Konflikt. Denn der Opa Host konnte für eine kurze Spazierfahrt immer nur einen Zwilling auf seinen Schoß packen.
Und so baute er kurzerhand einen Holz-Kindersitz für seinen Fendt. Oma Gertraude hat ebenfalls zum Fahrvergnügen beigetragen und entsprechende Sitzkissen genäht. Und los konnte die Spazierfahrt gehen.

Bei schönem Wetter geht's los ...

Und so kommt es vor, dass bei schönem Wetter eine Ausfahrt gemacht wird. Über Wiesen und Wälder, vorbei an Ziegen und Kühen. Moment mal ... die sind aber schon lange weg ...

Grüße aus dem schönen Hohenlohe

PS. Auf dem Foto ist Uropa Host zu sehen, der mit Uroma Gertraude nahezu alles für seine Urenkel tut. Danke, dass Ihr immer für uns da seid. Henri und Anton.

Vor einiger Zeit haben Sie nach „Zwillings-Transportmöglichkeiten" gesucht. Hier ist eine Foto vom Frühling 2014.

Im Leiterwagen zum Onkel Doktor.

Fabian war damals ziemlich krank (das sieht man ihm allerdings nicht an) und ich habe ihn mit dem Leiterwagen zum Kinderarzt gefahren. Seine Zwillingsschwester Nora hatte darin auch noch Platz, allerdings war der Leiterwagen dann zum Fahren und Steuern nicht mehr ganz einfach.

Und Nora wurde dann zu allem Überfluss auch noch krank.

Wir haben kein Auto, es ist in unserer kleinräumigen Umgebung nicht nötig, ein motorisiertes Fahrzeug zu haben.

Wenn wir in die Ferien fahren wollen oder Einkäufe zum Beispiel von IKEA transportieren müssen oder Ähnliches, mieten wir uns einfach ein Auto oder leihen uns eines aus.

Liebe Grüße Cornelia

Was tun, wenn ein Zwilling so krank ist, dass man mit ihm zum Kinderarzt fahren muss, wenn man kein Auto hat? Da hilft der gute, alte Leiterwagen. Cornelia S. hat ihn kurzerhand flott gemacht und beide Kinder darin transportiert. Dabei hat sich Nora wohl bei ihrem Zwillingsbruder angesteckt?!

Ein Laufstall, der auf die Reise geht

Was gibt es für neue Produkte oder welche Produkte haben einen besonderen Pfiff? Heute präsentieren wir einen Laufstall, der mit Ihnen und den Kindern auf Reisen geht und immer da zur Hand ist, wo man ihn braucht.

Zwillingseltern und Drillingseltern wissen wie schwer es ist, in bestimmten Phasen alle Kinder in Sicherheit zu wissen ... zu Hause sind ja alle gefährlichen Ecken abgeschirmt oder abgeschlossen. Im Urlaub ist alles fremd und wer kann schon alle Gefahrenstellen auf die Schnelle beseitigen? Gerade auch bei Oma und Opa oder bei Freunden, die keine kleinen Kinder haben, ist

die Umgebung oftmals alles andere als kindersicher! Also muss man einen Laufstall mitnehmen. Aber, passt der überhaupt ins Reisegepäck?
Annette Wulf, die das online-Shop „Zwillingsburg" betreibt und selbst Zwillingsmutter ist, sagt: „Wir haben die ideale Lösung für dieses Problem: den ‚Pop'n play', einen Reiselaufstall zum Mitnehmen!"

Die Vorteile hier auf einen Blick:

- Der Laufstall für unterwegs ist mit wenigen Handgriffen aufgeklappt und sofort nutzbar.

- Mit ebenso wenigen Handgriffen ist er auch wieder zusammengeklappt und in der mitgelieferten Tasche zu verstauen.

- Der Laufstall wiegt auch nicht viel und ist leicht zu transportieren.

- Man kann ihn Indoor und Outdoor verwenden.

- Er hat einen wetterfesten und wasserundurchlässigen Boden, so bleiben die Zwillinge und Drillinge zum Beispiel auch auf nassem Gras trocken.

- Das Material: außen Netzstoff für eine gute Sicht, leichtes Aluminium-Faltgestänge.

- Die Maße: 120 Zentimeter Durchmesser, Gewicht 5,4 Kilogramm, Höhe 66 Zentimeter.

- Der Laufstall ist geeignet für Kinder von sechs bis 24 Monaten und bis zu einer Körpergröße von circa maximal 90 Zentimeter.

Schlimmer zu hüten als ein Sack Flöhe ... das sind entdeckungsfreudige Zwillinge und Drillinge. Zu Hause haben wir ja alles im Griff!? Aber wie sieht es auf Reisen aus? Perfekt, wenn man einen reisegängigen Laufstall hat. Und gibt's jetzt bei der Zwillingsburg im Programm. Und natürlich werden wir den Laufstall auch in der nächsten Ausgabe unserer Ausstattungsratgebers besprechen.

- Der Laufstall „Pop'n play" kostet 99 Euro.

Mehr Information unter:

www.zwillingsburg.de

Zwillinge & das große Bälle-Chaos …

Wohin mit den vielen Bällen in einer sportlich begeisterten Zwillingsfamilie? Ab in den Ballständer, den Zwillingsmutter Natascha entworfen und Zwillingspapa S. geschreinert hat. Wer auch so ein tolles, praktisches Möbelstück haben will, meldet sich dort.

Wir haben vier Kinder, drei Jungs und ein Mädchen die praktisch alles spielen, wozu man einen Ball braucht: Fußball, Handball, Basketball … Bälle können wir also nie genug haben. Die Folge: Bälle in allen Größen in allen Zimmern verteilt.

Wohin mit den ganzen Bällen?!?! Klar haben wir es schon mit allem möglichen Standard-Lösungen versucht: Ballnetze sind mal kurz eine Lösung, aber sobald die Jungs sich einen Ball nehmen wollten, sind die anderen Bälle gleich mit durch die Gegend gekullert. Au-ßerdem sind die Ballnetze gefüllt ganz schön sperrig - und herkömmliche Kisten sind auch zu schnell voll.

Als unsere Zwillinge zehn Jahre wurden, bekamen sie getrennte Zimmer. Die Netze, die vorher wenigstens nach dem Aufräumen an den Hochbett-Pfosten hingen, lagen jetzt nur noch im Weg … Eine richtig gute Lösung musste her! Gemeinsam mit meinem Mann, der Schreinermeister ist, habe ich getüftelt. Herausgekommen ist ein Ballspender, der acht bis zehn Fußbälle fassen kann.

Das Prinzip ist ganz einfach: Oben die Bälle reinwerfen und unten wieder rausholen. Meine Jungs sind sozusagen die Beta-Tester für die Prototypen und finden's toll. Ball-Weg-Räumen ist sogar richtig cool …

Es ließ mir keine Ruhe mehr, dass ich im Internet nichts dergleichen finden konnte … So war der Weg zur Patentberatung nicht mehr weit und unsere Super-Idee in Sachen Ball-Aufbewahrung ist nun auch eingetragen!

Live anschauen kann man sich den Ballständer nun auch beim Sport-Bonewitz in Mainz-Gonsenheim.

Wenn Ihr auch einen wollt: Meldet Euch einfach bei uns!

Danke, Frau von Gratkowski, dass unsere Idee hier veröffentlicht wird! Als Dauer-Leserin von Zwillinge bin auch ich immer wieder begeistert von den vielen guten Ideen dort. Wir sind nun total gespannt wie unser Ballständer ankommt!

Infos über: ballstaender.wordpress.com, dort ist auch ein Link zu YouTube.

Eure Natascha Sippel

Hier die E-mail-Adresse der tollen „Erfinder-Familie":

nat023Schasippel@googlemail.com

Viel zu viele Bälle flogen im Haushalt der Mainzer Zwillingsfamilie herum. Alle vier Kinder sind sportlich und lieben vor allem Ballspiele aller Art.
Was lag näher, als einen Ballständer zu erfinden, den der Papa, seines Zeichens Schreinermeister wirklich meisterlich umgesetzt hat. Das Prinzip ist so: oben kommen die Bälle nach dem Spielen rein, unten kommen die Bälle wieder raus. Und der Ballständer in Form eines „langen Lulatsch" nimmt auch wenig Platz weg.

Fußballgeburtstag für Zwillingsjungs

Zwillingsmutter Evelyn R. ist schon versiert, wenn es darum geht, einen tollen Kindergeburtstag auszurichten. Sie hat in ZWILLINGE schon einen Geburtstag zum Thema „Pferde" vorgestellt. Dieses Motto haben wir auch in unser Buch „Zwillinge feiern Geburtstag" übernommen.

Beim Durchblättern einer älteren ZWILLINGE-Ausgabe, las ich meinen letzten Artikel über die Ausgestaltung eines Kindergeburtstages. Da kam mir die Idee, noch einen Beitrag über den letzten Kindergeburtstag unserer Zwillinge Franz und Georg zu schreiben.

Letztes Jahr im Mai 2015 wurden Franz und Georg sieben Jahre alt. Wieder stand ein Kindergeburtstag an. Jeder Junge durfte zwei Kinder einladen. Da beide Zwillinge in eine Klasse gehen, haben sie auch die gleichen Freunde. Die große Schwester Johanna (damals fast 9) und ihre Cousine (9) waren sowieso dabei.

Diesmal stand der Geburtstag unter dem Thema „Fußball". Es gab Einladungen, die wie ein

Die Geburtstagsgesellschaft mit Georg (2. von links, Zwillingsbruder Franz (4. von links) und Schwester Johanna (ganz rechts).

Fußballfeld-Kuchen aus Selterswasserkuchenteig

Der Grundteig für einen gelungenen Kuchen für die Fußball-Party ist ein einfacher Rührteig mit Selterswasser (Mineralwasser - macht den Kuchen besonders locker). Dieser Kuchenteig eignet sich für viele Motto-Parties.

Zutaten für den Kuchen:

- 4 Eier
- 1 Tasse Öl
- 2 Tassen Zucker
- 3 Tassen Mehl
- 1 Päckchen Backpulver
- 1 Päckchen Vanillezucker
- abgeriebene Zitronenschale oder Aromaöl
- 1 Tasse Selterswasser

Zubereitung:

- aus den Zutaten einen Rührteig machen
- Teig auf ein Backblech geben
- im Ofen bei 180°C 20 min backen
- wenn Kuchen abgekühlt, mit Zitronenguss versehen

Zutaten für den Zitronenguss:

- 250 g Puderzucker
- 2 EL Zitronensaft
- 1-2 EL zerlassenes Kokosfett (zum Beispiel Palmin)
- grüne Lebensmittelfarbe
- weiße Zuckerschrift

Zubereitung:

- Puderzucker sieben
- Zitronensaft hinzufügen
- Kokosfett langsam zugeben und ständig rühren
- mit grüner Farbe färben
- Guss auf den abgekühlten Kuchen ziehen
- mit Zuckerschrift Kuchen als Fußballfeld verzieren

Fußballfeld gestaltet sind. Diese kann man im Internet auf www.kindergeburtstag-planen.de/druckvorlagen/druckvorlagen-alle gleich ausfüllen und ausdrucken.

Und natürlich konnte jedes Kind in Fußballkleidung kommen.

Zum Geburtstag den richtigen Kuchen.

Zum Kaffeetrinken gab es einen selbstgebackenen Fußballkuchen in Form eines Fußballfeldes.

Anschließend haben wir ein Quiz (1, 2 oder 3) mit drei verschiedenen Antwortmöglichkeiten gemacht (Die Fragen/Antworten dazu unter www.testedich.de). Man braucht dazu nur 3 Schilder mit den Zahlen 1, 2, 3 im Garten (oder der Wohnung) aufzuhängen und die Kinder rennen zu der Zahl, die sie als mögliche Antwort sehen.

Danach wollten die Kinder nun endlich Fußball spielen. Wir wohnen auf einem Bauernhof mit angrenzender Wiese. Dort hatte der Opa extra für die Kinder auf einer Fläche das Gras gemäht und Heu gemacht, damit die Wiese als Fußballfeld wieder bespielbar war. Auf der Wiese wurden zwei Fußballtore aufgestellt und schon war das Fußballfeld fertig. Man kann natürlich auch zwei Stecken oder zwei Schuhe als Begrenzung nehmen statt ein Fußballtor aufzubauen. Gut ist, wenn die Spielregeln klar sind und die Mutter diese auch kennt. Ich war froh, als mein Mann von der Arbeit nach Hause kam. Er war ein besserer Schiedsrichter als ich. Die Kinder spielten sehr ernst und wollten gerecht behandelt werden.

Und abends am Lagerfeuer ...

Zum Abendessen gab's Knüppelkuchen. Während die Kinder ihr Stockbrot über dem Feuer buken, habe ich ihnen eine Fußballgeschichte (siehe www.kidsweb.de) vorgelesen.

Das Essen ging sehr schnell und anschließend wurde noch solange (Fußball) gespielt, bis die Eltern zum Abholen kamen. Es war für alle wieder ein toller Tag.

Nun wünsche ich den ZWILLINGE-Lesern und ihren Kindern viel Spaß beim Nachmachen.

Herzliche Grüße aus St. Egidien in Sachsen von Evelyn R. mit den Zwillingen Franz & Georg, der großen Schwester Johanna & Papa Thorsten

Bücher zum Thema: Zwillinge feiern Geburtstag

Wenn Zwillinge Geburtstag feiern, ist das eine besondere Herausforderung. Denn Zwillingskinder müssen immer alles teilen und da ist es für Mütter und Väter eine Aufgabe, den Geburtstag für jedes Kind ein ganz besonderes Ereignis zu machen. Unser neues Buch aus der Reihe „DAS ZWILLINGE ABC" ist fertig und kann ab sofort im Buchhandel, aber auch bei uns unter www.twins.de bestellt werden. Darin enthalten viele gute Ideen, Spiele, Anregungen für Mottoparties, aber auch Rezepte.

Susanne Endres, „Bloß kein Stress!" 19,90, ISBN 978-3-735794-58-1 im Buchhandel.

ISBN: 978-3-927058-45-3, 16,99 Euro in allen Buchhandlungen (auch online) und unter www.twins.de

Außerdem gibt das Buch Anregungen, wie man Zwillingen einen schönen Geburtstag bereiten kann, obwohl sie auch diesen Ehrentag teilen müssen.

Geschrieben wurde das Buch von einer echten Geburtstagsspezialistin: Petra Bräuer ist Erzieherin und Zwillingsmutter. Und sie veranstaltet in und um München Kindergeburtstage.

Großes Zwillingstreffen in der Bretagne

Jessica lebt mit ihrer Familie - ihrem französischen Mann, den Zwillingen Loup & Lény, dem Hund Aelphy und ein paar Pferden und Ponys in Frankreich. Sie hat gerade in der Bretagne Urlaub gemacht und am großen Zwillingstreffen in der Bretagne teilgenommen.

Soeben kommen wir von unserem Sommerurlaub aus der Bretagne zurück. Am 15. August ist dort immer eine großes Zwillingstreffen, an dem wir diesmal teilgenommen haben.

Über 2.000 Zwillinge in Frankreich.

Circa 2.000 Zwillinge von 0 bis 99 Jahren nehmen daran teil und feiern zwei Tage lang gemeinsam mit Hüpfburgen, Musik, Essen, Crêpes und Cidre, und einem gemeinsamen Umzug durch den Ort Pleucadeuc.

Und die Organisatoren wissen natürlich, was für Zwillingseltern zählt! Es gibt auf der Feier einen kostenlosen Kinderhort, damit auch wir Eltern mal ein paar Stunden mitfeiern können.

Hier ein Foto von dem Treffen.

Alles Liebe - Jessica H.

Basteln im Herbst

Schlechte Laune dank schlechten Wetters ist kein Zwillingsproblem. Trotzdem kann es nicht schaden, ein paar Beschäftigungsideen zu haben, so dass die Zwillinge sinnvoll beschäftigt sind. Jonas und Felix basteln gern. Da sind Bastel-Sets genau das Richtige.

Im Herbst haben wir uns ein Bastelset aus Holz bei MyToys bestellt. Die Teile waren schon ausgeschnitten, mussten dann aber noch nach Geschmack angemalt und miteinander verleimt werden.

Als alles gut getrocknet war, drehten wir unten noch einen Hacken ein und an unserem Schneemann konnte ein Meisenknödel befestigt werden. Siehe das Foto oben: Jonas ist links zu sehen, Felix rechts. Anschließend haben wir uns auf unserem Baum direkt vor unserem Fenster einen schönen Platz gesucht, an dem wir die Vögel gut beobachten konnten, die zum Fressen kamen. Dort haben wir die beiden Schneemänner dann aufgehängt und die Vögel haben das Futter gern angenommen. Für eine weitere Idee zum Basteln braucht man einfach eine Tüte Erdnüsse, die „Mützen" der

Eicheln, weiße Farbe und Filzstifte und etwas
Geschenkband in verschiedenen Farben.
Zuerst werden die Erdnüsse komplett weiß
angemalt, wenn alles getrocknet ist, wird der
Eichelhut aufgeklebt, am besten gleich daran
denken, die Bänder zum Aufhängen direkt
mit unter den Hut zu kleben.
Danach können die Kinder je nach Lust und
Laune schöne Gesichter mit den Filzstiften
auf die Erdnüsse aufmalen.

Bespaßungs-Ideen immer gefragt.

Ganz zum Schluss wird um die Einkerbung
der Erdnuss noch Geschenkband als Schal
geknotet und fertig ist der dekorative Schneemann für einen schönen Winterstrauß oder
zum Aufhängen für die Advents- und Weih-
nachtsdekoration.
Ich hänge diese Erdnuss-Schneemänner an
Tannenzweige oder an ein paar Äste der
Korkenzieherhasel, das sieht sehr schön aus.
Ich hoffe, ich konnte Euch ein paar gute Ideen
zur Kinderbespaßung bei schlechtem Wetter
geben. Ich bin auch immer sehr dankbar, wenn
ich irgendwo Anregungen bekomme, inzwi-

schen gehen mir nämlich oft die Ideen aus.
Allerdings beschäftigen sich unsere Zwillinge
Jonas und Felix auch schon sehr gut selbst.

Liebe Grüße - Daniela mit Jonas und Felix

*Jonas bepinselt Erd-
nüsse mit weißer Farbe
(Deckweiß), die dann zu
Schneemännern werden.
Damit nicht allzu viel
daneben geht, trägt er
ein großes Lätzchen und
natürlich wird der Tisch
vorher abgedeckt.
Nach dem Trocknen krie-
gen die Schneemänner
ein Gesicht, ein Mütz-
chen und einen Schal
verpasst. Dann werden
sie an Tannengrün ge-
hängt..*

Basteln im Herbst - mit Kürbis & Co.

Wenn die Abende wieder länger werden und das Wetter schlechter, dann geht das große Herbstbasteln los. Zwillingsmutter Nicole hat uns zwei Ideen geschickt: Lilli und Paula bekleben Kürbisse und aus Blättern werden Igel für's Fenster gebastelt.

Ok, dann geht wieder das Herbstbasteln mit dem Kürbis bekleben und den Blätterigeln für's Fenster los ...

Beklebter Kürbis

Die Idee mit dem Kürbis bekleben haben wir uns beim Erntedankfest in unserem Kindergarten geholt. Dort durften alle Kids schon Kürbisse mit den Erziehern bekleben, was sehr schön bei unseren Mädels ankam.
Von Opa Horst gab es dann die Kürbisse für zu Hause und von Oma Margit die alten gesammelten Knöpfe noch von meiner Uroma.

Material:

- Heißkleber
- Kürbis
- Knöpfe
- Bastelbast
- Schleife
- Eicheln
- Bunte Bastelkügelchen
- es gehen aber auch Kaffeebohnen, Kastanien, halbe Walnüsse, Stoffreste, Wollreste und eigentlich alle kleinen Gegenstände, die man so in den Schubladen hat.

Wegen des Heißklebers können die Kleinen die Bastelarbeit nicht ganz alleine machen.
Im Kindergarten wurde der Kleber von einer Erzieherin aufgetragen und

Lilli ist stolz. Sie hat den Kürbis fast allein beklebt. Nur für die Heißkleberpistole ist sie noch zu klein. Die wird von Mama fachmännisch bedient. Die Kinder können dann die Knöpfe und andere Dinge aufkleben.

die Kinder konnten die aufzuklebenden Gegenstände dann unter Anleitung anbringen.
So haben wir es zu Hause dann auch gemacht - ich habe den Kleber aufgetragen, Lilli und Paula dann die Gegenstände.

Blätterigel

Die Blätterigel, wurden aus gesammelten Herbstblättern und Ahornflügel gebastelt.

Material:

- Bunte Herbstblätter (Ahorn)
- Ahornflügel
- Kulleraugen
- Tesafilm

Das konnten die beiden schon fast alles alleine basteln ;-).
Für die Blätterigel beim Spazierengehen Blätter und Ahornflügel sammeln. Diese wurden dann mit einem Klebestift auf ein weißes Blatt aufgeklebt und mit einem Kullerauge versehen.

Das Ausschneiden und Tesafilm auf der Rückseite anbringen, habe ich dann wieder übernehmen dürfen, ans Fenster wurden die Blätterigel dann wieder von Lilli und Paula geklebt.
Es war echt toll, zu sehen, was man jetzt alles schon mit den Zwillingen machen kann ... vor allem auch, wie viel Ausdauer die Kleinen schon dafür aufbringen können, wir verbringen Stunden damit, zu basteln.
Und mancher Abend, an dem der Papa bei seinen Theaterproben war, wurde auch für uns ein sehr langer Abend.
Viele Grüße aus Eich - Nicole mit Lilli & Paula

Auch Zwillingsschwester Paula ist ganz konzentriert bei der Sache. Erstaunlich, welche lange Zeit Kinder Spaß am Basteln haben. So wurde mancher Abend ziemlich lang, aber nicht langweilig.

Leckere Knabberstangen für kleine Babys backen

Heute backen wir mal nicht mit Zwillingen, sondern für Zwillinge. Noch sind Mattis und Loris nämlich noch zu klein, um beim Backen dieser wunderbaren Knabberstangen für Babys mitzuhelfen. Franziska, die Mutter der beiden, freut sich, dass die Kleinen auf die süßen Stangen ohne Zucker stehen.

Baby-Knabberstangen

Heute wird gebacken. Noch sind Mattis (auf dem Foto oben links) und Loris natürlich zu klein, um mitzuhelfen. Aber jegliche Küchenutensilien wie Holzlöffel, Schüsseln oder Ähnliches sind natürlich sehr spannend und müssen erstmal erkundet werden.

Klar, wollen sie mithelfen ...

Das Mithelfenwollen wird bestimmt auch schon ganz bald kommen.
Da ich davon überzeugt bin, dass meine Kids noch keinen Industriezucker benötigen (so lange wie wir drum herum kommen können) gibt es heute selbst gebackene Baby-Dinkelstangen als kleine Leckerei für zwischendurch.
Da können die beiden zwar noch nicht mithelfen, aber interessant ist es trotzdem.

Benötigt wird:

- 200 Gramm Dinkelmehl
- 50 Milliliter Rapsöl
- 1 kleine, sehr reife Banane (ca. 100 g)
- 1 Apfel (ca. 150 g)

Zubereitung:

1. Den Ofen auf 180° C vorheizen.

2. Die Banane wird geschält und zerdrückt, dann der Apfel geschält und geraspelt. Beides wird nun mit dem Mehl und dem Öl zu einem Teig verarbeitet.

3. Ein Blech wird nun mit Backpapier belegt. Aus dem Teig werden lange Rollen geformt und mit dem Messer längliche Stücke abgeschnitten. Die Enden werden zu Spitzen geformt.

4. Die Knabberstangen kommen nun in den Ofen und werden 25 Minuten gebacken.

Die Knabberstangen sind super einfach herzustellen und sehr lecker. Und das finden nicht nur meine Jungs.
Und größere Kinder können toll mithelfen.
(Franziska K.)

Das sind die Zutaten, die man für die Knabberstangen braucht.

Loris (links) und Mattis stehen auf diese selbstgemachten Knabberstangen. In diesem Alter kann man die Kinder noch von Industriezucker fernhalten. Ihre Süße erhalten die selbstgemachten Knabbereien durch die Banane ... die darf dann ruhig überreif sein.

Wir backen unser eigenes Brot!

Julia und Jannis, die wir schon aus ZWILLINGE - DAS MAGAZIN Nr. 21 kennen, wo sie uns gezeigt haben, wie toll sie schon mit Messern schneiden können, backen diesmal Brot. Das sieht so lecker aus - dass man gleich hineinbeißen möchte ... Danke für das tolle Rezept!

Seit unsere Zwillinge, Julia und Jannis, mit uns gemeinsam Brot essen, backen wir unser Brot größtenteils selbst, meist zusammen mit unseren fleißigen Helferlein. Wie man auf den Fotos sieht, können auch schon kleine Zwillinge beim Brot backen gut mithelfen und haben beim Rühren jede Menge Spaß. Da es sich um ein Hefebrot handelt ist es schnell und einfach zubereitet und schmeckt uns sehr gut. Durch das Zufügen von Körnen oder Samen kann man ihm immer wieder einen etwas anderen Geschmack geben.

Zutaten für ein Vollkornbrot:
(gebacken in einer 30 Zentimeter langen Kastenform):

- 850 g Vollkornmehl
- Etwa 650 ml lauwarmes Wasser
- ½ Würfel Hefe

- 1 Esslöffel Salz
- 3 Esslöffel Balsamico-Essig
- Nach Belieben Körner (zum Beispiel Sonnenblumenkörner, geschrotete Leinsamen, Chiasamen, …)
- Etwas Butter zum Fetten der Form

Zubereitung:

1. Körner bzw. Mehl abwiegen und eventuell mahlen (wir mahlen unser Mehl immer ganz frisch und verwenden am liebsten 425 g Einkorn und 425 g Winteremmer, es sollte aber auch jedes anderes Getreide oder Vollkornmehl gehen, eventuell muss dann die Wassermenge verringert werden).

2. Hefe in ein wenig lauwarmem Wasser auflösen …

3. Zum restlichen Wasser den Balsamico-Essig und das Salz hinzufügen und auflösen.

4. Dann alle Zutaten zum Mehl dazu geben und kräftig durchrühren/ kneten und anschließend den Teig ungefähr 10 Minuten gehen lassen …

Wenn Zwillinge in der Küche helfen, ist es wichtig, dass jedes Kind, eigene Aufgaben bekommt. Oben (rechts) rührt Jannis den Teig schon einmal mit der aufgelösten Hefe an, auf dem Foto unten (rechts) packt Julia kräftig zu und rührt den immer zäher werdenden Brotteig gut durch.sein.

5. Den Teig nochmal gut durchrühren und in die gut gefettete Form füllen.

6. Die Form in den kalten Backofen (mittlere Schiene) stellen und nochmal 15 Minuten im Backofen bei 100°C gehen lassen.

7. Anschließend den Ofen mit Brot auf 200°C Ober-/Unterhitze stellen und etwa 45 Minuten backen.

8. Das Brot anschließend noch kurz abkühlen lassen, dann löst es sich besser aus der Form.

Neues Blog ab Januar 2017

Neue Wege für uns: ab Januar 2017 betreiben wir zusammen mit Melanie von Dahlewitz, einer befreundeten Zwillingsmutter, ein neues Blog. Der Name

www.zwillingemachen-kriegenhaben.de sagt schon alles - hier gibt es nicht nur seriöse Information, sondern auch den humorvollen Blick auf alles, was mit Zwillingen und Drillingen zu tun hat. Kommt doch mal vorbei - rege Beteiligung an Diskussionsbeiträgen erwünscht.

So sind wir auf den Hund gekommen ...

Vor einigen Heften fragte eine Zwillingsfamilie, ob die Anschaffung eines Familienhundes sinnvoll ist. Zwillingsfamilie P. würde das sicher bejahen, denn als die Zwillinge Zoey und Mina geboren wurden, waren die Hunde Yago und Tito schon da ;-))

Ich wurde von dem Artikel über die Haustiere aus der Mai-Ausgabe von ZWILLINGE inspiriert und dachte mir, ich schreibe nun endlich mal den Artikel über unsere kleine Familie, die aus uns, den Eltern, unseren zwei Kindern, Mina und Zoey, und den zwei Hunden, Yago und Tito, besteht.

Lernt Eure Tiere vorher kennen!

Wir hatten die Hunde schon, als ich schwanger wurde und es stellte sich nie die Frage, ob wir die Hunde behalten oder abgeben. Zum Glück waren Yago bei der Geburt schon vier Jahre und Tito drei Jahre alt, so dass die Erziehung der Hunde größtenteils abgeschlossen war und funktionierte.

Die Anschaffung eines Hundes sollte definitiv überlegt sein. Zum einen ist der finanzielle Aspekt einer, den man nicht unterschätzen sollte. Die laufenden Kosten von Futter, normalen Impfungen, Wurmkuren, Haftpflichtversicherung und Steuern sind ein Posten, der sich leicht errechnen und einkalkulieren lässt. Unerwartete Kosten für weitere Tierarztbesuche, Medikamente oder ähnliches kommen unvorhergesehen oben drauf. Bei uns halten sich diese Kosten glücklicherweise gering, da wir sehr kleine Hunde haben, die bisher nicht ernsthaft krank waren.

Die Hunde haben die Kinder nach der Geburt zum Glück gut aufgenommen und akzeptiert, so dass wir wenig Ärger mit der Eingewöhnung hatten. Dennoch kam es leider zu der

Beim täglichen Spaziergang draußen ist die größte Schwierigkeit, alle vier unter Kontrolle zu haben. Bei gutem Wetter geht's noch - Regenwetter ist schon vom Anziehen her ein Problem.

einen oder anderen riskanten Situation, in der ich froh war, dass wir uns an den Rat des Hundetrainers gehalten hatten und die Kinder und Hunde nie alleine in einem Raum gelassen haben.

Der Rat eines Hundetrainers ist Gold wert und ich würde jedem Paar mit Hunden raten, sich an einen Profi zu wenden und sich Tipps für die Zusammenführung von Kindern und Hunden zu holen, damit alles harmonisch funktioniert.

Mittlerweile sind Mina und Zoey ein Jahr und knapp zwei Monate alt und haben sichtlich Freude an den Hunden. Schon als ganz kleine Babys fanden sie Tito und Yago sehr spannend und haben es genossen, den Hunden beim Spielen und bei ihren Bewegungen zuzuschauen.

Allerdings habe ich manchmal das Gefühl, sie haben sich ein wenig zu viel bei den Tieren abgeschaut: Es gab Momente, da haben die Kinder ihre Spielsachen gebracht- allerdings nicht indem sie es in der Hand trugen, sondern im Mund.

Einmal erwischte ich Mina dabei, wie sie sich schon am Hundenapf bediente und gerade dabei war, sich einen Brocken Trockenfutter von Tito in den Mund zu stecken - Tito war sehr lieb und geduldig und wartete, bis Mina sich an seinem Napf bedient hatte ...

Die Spaziergänge mit den Hunden werden gerade an regnerischen Tagen zu einer Qual, da die Kinder keine Lust haben, immer nur in der Karre zu sitzen. Dennoch sind diese Spaziergänge nötig und es lässt sich oft nicht einrichten, dass die Kinder an solchen Tagen zu Hause bleiben können.

Alleine das An- und Ausziehen der beiden an kalten Tagen ist anstrengend. Bis man zwei Kinder und Hunde ausgehbereit hat, vergehen manchmal schon 30 Minuten. Da ist es meiner Ansicht nach wichtig, dass man gut organisiert und strukturiert ist, damit so ein Tag nicht schon hetzig beginnt.

Auf der anderen Seite sind eben solche Spaziergänge auch ein Segen. Man ist gezwungen, mit den Kindern raus an die frische Luft zu gehen. Den Kindern hat es bisher nur gut getan und sie haben draußen - gerade jetzt wo sie dann auch laufen dürfen - immer viel Spaß und entdecken vieles. Von den Gänseblümchen über die Stöcke und das Gras.

Aber auch hier frage ich mich manchmal, ob ich eigentlich zwei Hunde und zwei Kinder- oder aber vier Hunde habe, da die Mädchen alles liebend gerne „probieren". Mina hat in letzter Zeit auch damit angefangen, sich die Hundeleinen umzuwickeln. Damit signalisiert sie uns dann immer, dass sie nun gerne mit den Hunden rausgehen würde. Ich frage mich, ob sie wohl auch gerne ein Halsband und eine Leine bekommen würde? Das würde mir die Arbeit draußen jedenfalls manchmal erleichtern *Lach*.

Es stellt uns schon vor eine große Herausforderung, allen gerecht zu werden. Man möchte den Hunden ihre zwei Stunden für die Spaziergänge ermöglichen, muss allerdings immer schauen, wie gut die Kinder dies an jedem einzelnen Tag mitmachen.

Auch wenn wir draußen sind, ist es teilweise ungemein schwer, alle vier Schützlinge im Auge zu behalten. Es lauern so viele Gefahren, die man immer im Blick behalten muss. Seien es Radfahrer, die kaum Rücksicht nehmen, andere Hunde, die auf uns zugelaufen kommen oder einfach ein holpriger Weg, der momentan bei Mina und Zoey noch schnell zu einer Stolperfalle werden kann.

Aber wenn man erst einmal gelernt hat, dass man seine Augen und Ohren offen hält und am besten versucht, alle möglichen Gefahrenquellen rechtzeitig zu erkennen, dann ist es toll, täglich gemeinsame Spaziergänge zu machen!

In der Wohnung haben Mina und Zoey Gefallen daran gefunden, gemeinsam mit den Hunden und deren Spielzeug zu spielen. Sie schnappen sich das Quietschespielzeug von Yago oder Tito und animieren diese zum Spielen. Das ist toll mit

anzusehen und ich denke, dass die beiden so schnell und einfach lernen, was es heißt, Verantwortung zu übernehmen und auch Tiere und ihre Interessen zu akzeptieren und zu respektieren.

Dennoch achten wir sehr darauf, dass die Hunde auch ihre Ruhephasen bekommen und auf ihren Plätzen nicht von den Kindern gestört werden. Ich finde, das ist eine wichtige Sache, damit die Hunde auch in der Wohnung eines Rückzugsort haben, an dem sie zur Ruhe kommen können - gerade weil der Alltag mit den Kindern sehr turbulent und laut geworden ist. Das kannten Yago und Tito eher weniger.

Alles in allem muss ich sagen, dass es zwar eine Herausforderung, aber dennoch ein Segen ist, dass die Hunde zu unserer Familie gehören. Ich bin froh und dankbar, dass die Zusammenführung so gut funktioniert hat.

Gespannt bin ich allerdings, wie es wird, wenn die Kinder anfangen, ihre Kräfte auszuprobieren. Ich hoffe sehr, dass es dann nicht zu Komplikationen kommt. Auch hierfür beherzigen wir die „Regel", die der Hundetrainer uns an die Hand gegeben hat: Die ersten drei Jahre nie die Hunde und die Kinder unbeaufsichtigt in einem Raum lassen und die ersten sechs Jahre nicht alleine in einer Wohnung.

Viele liebe Grüße von Thorben, Irina, Mina, Zoey, Yago und Tito

Auf beiden Fotos ist Zoey zu sehen. Oben sitzt sie mit Tito in der Blumenwiese, unten spielt sie mit dem wuschligen Yago. Wichtigster Tipp des Hundetrainers: Kinder nie mit Hunden allein lassen.

Ein Gassi-Hund statt Familienhund

Leserin Katrin O. hatte gefragt, wie es andere Leser halten, wenn die Kinder sich sehnlichst einen Hund als Gefährten wünschen ... inzwischen haben wir einige Beiträge dazu gelesen. Heute berichtet Zwillingsmutter Cornelia aus der Schweiz vom Gassigehen mit einem „Leihhund".

Der Beitrag zum Thema Hund spricht bei uns auch ganz ein aktuelles Thema an.

Manchmal täglich, dann wieder längere Zeit nicht, wünschen sich Nora, und etwas weniger auch ihr Zwillingsbruder Fabian, einen eigenen Hund. Wir sind wie Familie O. auch in der glücklichen Lage, dass es in der unmittelbaren Nachbarschaft gleich mehrere kindertaugliche Hunde gibt, die gern ausgeführt werden können. Da ist die bereits sehr alte Beagle-Dame Flecki, mit der schon alle Kinder unserer Siedlung groß geworden sind. Ein ganz lieber Hund, hört und sieht unterdessen leider fast nichts mehr, wodurch besondere Rücksichtnahme angezeigt ist.

Ein weiterer Hund, die Jack-Russel-Dame Molline, ist noch ganz jung und ungestüm. Sie geht richtig los und die Kinder rennen mit ihr. Die meistgeliebten Hunde sind aber Gina und Amar, von der Rasse Zwetna-Bolenka, sie sind keine Geschwister, aber aus derselben Zucht und seit Anbeginn zusammen. Da kann jedes Kind ein Hündli führen und die beiden Hundchen sind wirklich sehr lieb und drollig.

Ein Hündchen für Nora und eines für Bruder Fabian

Gina ist frech und sehr zutraulich, Amar eher vorsichtig und zurückhaltend. Beide mögen es sehr, gestreichelt zu werden.

Nora ist ganz stolz darauf, dass sie die kleine Gina ab und zu ausführen darf. Allerdings besteht die Besitzerin darauf, dass Mama Cornelia mit Gassi geht.

Seit gut sechs Monaten haben auch Fabians Pate und seine Frau einen Hund, einen Tibet-Terrier. Sie bekamen Amos als circa zehn Wochen alten Welpen. Das hat uns eindrücklich vor Augen geführt, wieviel Zeit und Konsequenz in der Erziehung ein Hund braucht. Auch Amos ist ein ganz lieber Hund, in sich ruhend und dennoch lebhaft. Der Pate wohnt ganz in der Nähe von uns, Fabian und Nora werden bald auch alleine mit dem Fahrrad hinfahren können. Und sobald Amos „erwachsen" (und gut erzogen) ist, kann er sicher auch mal ein paar Tage zu uns kommen.

Auch andere Familien bevorzugen einen „Tageshund".

Und schließlich hat die Familie eines Schulkameraden von Nora einen „Tageshund". zur Betreuung. Immer dienstags bringt ihn die Besitzerin frühmorgens und er bleibt dann den ganzen Tag. Ein positives Erlebnis für alle und doch eine klar begrenzte Verpflichtung für die Familie.

Mit allen Hunden geht es inzwischen sehr gut, nur bei Gina und Amar gehe ich noch mit, weil es die Besitzerin so möchte. Alle Hunde sind sehr gut gehalten und bestens erzogen.

Das größte Problem sind ja nicht die Hunde selbst sondern allenfalls schwierige Begegnungen mit anderen unbekannten Hunden (und deren Besitzern ...).

Wie bei Frau O. möchte ich auch keinen Hund, weil ich viele andere Verpflichtungen habe. Ein Hund braucht Zeit und hat auch das Recht darauf, dass man sich die Zeit für ihn nimmt.

Liebe Grüße aus der Schweiz

Cornelia mit Nora & Fabian

Zwillingsbruder Fabian hat auch einen Hund zum Gassigehen: Es ist Amar, der aus der gleichen Zucht stammt wie die kleine Gina. Kleine Hunde brauchen genauso viel Pflege und Erziehung wir ein großer Hund. Das wird leicht unterschätzt. Deshalb an alle, die von einem Familienhund träumen: Informiert Euch vorher genau, was auf Euch zukommt. Und nehmt lieber einen Tageshund in Pflege.

Muttersein - mehr Lob & Hilfe erwünscht

Mit unserem Beitrag über „Regretting Motherhood" (im „normalen" Heft ZWIL-LINGE Mai 2016) haben wir eine Flut von Beiträgen losgetreten. Wir sind uns alle einig: Wir lieben unsere Kinder, aber manchmal fühlen wir uns ausgelaugt und nicht genug gelobt. Zwillingsmutter Bettina meldet sich.

Da ich leider die Juli Ausgabe immer noch nicht habe, schmökere ich gerade nochmal in den Ausgaben Mai und Juni 2016 und bin wieder auf den Artikel über „Regretting Motherhood" gestoßen. Erst einmal vielen Dank für diesen Artikel und auch den Bericht von Barbara B. Ich fühle mich sehr angesprochen und möchte deshalb ein paar Zeilen zu diesem Thema beitragen.

Meiner Meinung nach leisten Mütter jeden Tag aufs neue herausragende Arbeit, die leider mit keiner „Bonifikation" (wie bei meinem Mann, er ist Versicherungskaufmann) oder Beförderung belohnt wird! Nie hätte ich mir wirklich vorstellen können, was es bedeutet, Mutter zu sein, vor allem nicht mit Zwillingen! Es ist ein 24-Stunden-Job, ohne Urlaub oder mal richtigem Feierabend! Da mein Mann und ich von unserer Familie nicht wirklich große Unterstützung bekamen, bzw. bekommen, geht es mir zeitweise nicht sehr gut. Wir hatten nach der Entlassung vom Krankenhaus keine Hebammenbetreuung zu Hause, da es in Vorarlberg anders geregelt ist. Es gibt wenig Hebammen, die über die Kasse abgerechnet werden können, ansonsten muss die Hebammenbetreuung selbst bezahlt werden. Deshalb dachte ich mir, ich warte erst einmal ab, wie es mir mit den Kindern geht.

Schon im Krankenhaus habe ich mit einer Hebamme telefoniert, die meinte, ich solle mich wieder melden, wenn ich zu Hause, bin und Fragen auftreten. So versuchte ich mein Bestmöglichstes zu tun und tat das, was ich für richtig hielt. Dazu kam noch, dass mein Mann in der Zeit der Geburt seinen Arbeitsplatz gewechselt hatte und nach der Entlassung aus dem Krankenhaus nur eine Woche zu Hause war.

Die Elternberatung hat mir geholfen.

Eine große Hilfe anfangs war allerdings die Elternberatung im Ort, die fand einmal in der Woche statt und die Babys, bzw. Kinder werden dort gemessen, gewogen, untersucht und man kann sich mit allen Anliegen und zu allen Themen rund ums Kind, von einer Kinderkrankenschwester helfen und beraten lassen. Heute weiß ich, dass die Kinderkrankenschwester bei Mehrlingen oder besonderen Fällen auch nach Hause käme. Ich hätte auch eine Familienhelferin kommen lassen können, wusste aber nie richtig zu welcher Zeit, da die Kinder lange keinen richtigen Rhythmus hatten und ich mir nicht wirklich bewusst war, welche Aufgaben ich abgeben konnte. Ich dachte mir immer ich habe doch Zeit, ich kann das doch selber machen!

Diese und andere Umstände sind sicher dafür verantwortlich, dass ich immer wie-der an meine psychische und physische Belastungsgrenze kam, es jedoch erst viel später merkte! Ich würde gerne auf eine Mutter-Kind Kur gehen, aber die gibt es in Vorarlberg leider nicht!

Unsere Zwillingsbuben sind im August drei-einhalb Jahre geworden und inzwischen kann ich behaupten, dass es leichter wird.

Wir hatten, seit die Jungs laufen können, „Weglaufkinder". Es gibt auch „Dableibkinder", ich nenne sie seit längerer Zeit so, da es mir immer wieder auffällt, dass es diesen frappierenden Unterschied gibt, der vieles erleichtern, bzw. erschweren kann. Alles wird schwierig, auf dem Spielplatz, beim Essen, im Zug und beim Einkaufen sowieso, immer sind die Jungs auf der Flucht

(so empfinde ich es leider) und nichts ist mehr „normal".

Ich dachte immer, Kinder laufen viel leichter im Alltag mit, stattdessen bestimmen die Kinder komplett den Tagesablauf! Jeden Tag überlege ich mir aufs Neue, wie ich den Tag mit den Kindern rum bekomme, fühle mich als Animateurin und merke mit großer Wehmut, dass meine Wünsche und Bedürfnisse ganz weit hinten anstehen.

Wenn ich mich mit Freundinnen treffe, jage ich meistens den Jungs hinterher und achte immer nur darauf, was sie schon wieder anstellen, beziehungsweise wo sie sind! Es ist schön, dass wir zwei lebhafte und wissbegierige Jungs haben, aber das alles im Doppelpack fordert doch ungemein.

Ich fand die erste Zeit sehr anstrengend, was hauptsächlich daran lag, beziehungsweise liegt, dass mein Mann und ich alleine waren, beziehungsweise sind. Als die Buben circa zwei Jahre waren, fand ich es dann noch anstrengender. Die Jungs entdeckten die Wohnung mit dem Inhalt der Schränke. Die Wohnung wurde also komplett umgestellt und alles auf Kleinkinder abgestimmt und trotzdem fanden sie immer wieder etwas zum „Anstellen". Dazu muss man sagen, dass wir noch in einer kleinen Mietwohnung (ohne Spülmaschine) wohnen und das Kinderzimmer so klein ist, dass alle Spielsachen sich im Wohnzimmer türmen. Diese und andere Umstände spielen noch dazu, dass leider auch Frust und Ärger Platz gefunden haben. Ich dachte, mit den Kindern sei ich „angekommen" und erfülle mir meinen Traum einer eigenen Familie ...

Warum fühle ich mich oft so allein?

Ich möchte jetzt nicht falsch verstanden werden, ich liebe meine Kinder über alles und würde mich immer wieder für sie entscheiden, aber ich hätte nicht gedacht, dass ich mich trotz Kinder und Ehemann oft so alleine und deplaziert fühlen kann.

Es klopft einem niemand auf die Schulter und sagt

„gut gemacht", niemand reflektiert deine Arbeit und die Pause gibt es am Abend, wo Zeit für eigene Interessen, Haushalt und Partnerschaft noch Platz haben sollte. Der Freundeskreis schrumpft (glücklicherweise entstehen neue Freundschaften), das Verständnis ist leider meistens nicht da, dass ich mich am Abend nicht zum Sport aufraffen kann, weil ich den ganzen Tag zwei kleinen Kindern hinterher gesprungen bin, gewickelt habe, Streitereien besänftigt habe und einigermaßen Ordnung halten konnte.

Eine gute Freundin meinte ziemlich am Anfang nach der Geburt der Kinder, als ich ihr schrieb, wie es uns geht, dass es so klingt „als hätte ich Stress". Wieso darf über die Arbeit „gejammert" werden, ohne dass die Antwort kommt, „du wolltest es ja so", keiner würde einem sofort zur Kündigung raten.

Oder der Standardsatz, der sich leider in einem manifestiert, „früher ist es auch gegangen", und alle wissen es: Ja - aber WIE? War (ist) es wirklich ein Tabuthema, zuzugeben, dass man auch mal mit den Kindern überfordert ist? Man trägt eine große Verantwortung in vielen Lebensbereichen für die Kinder und es sollte immer die richtigen Entscheidung getroffen werden!

Ich liebe es, die Zeit mit meinen Kindern zu verbringen! Ich sehe mir auch oft abends noch Fotos von ihnen an, auch wenn der Tag wieder sehr streng war und freue mich auf den nächsten Tag mit ihnen!

Bin ich in der Arbeit, vermisse ich die beiden schrecklich. Anscheinend „sitze" ich sehr auf meinen Kindern und bin es kaum gewöhnt, dass jemand aus unseren Familien auf die Jungs schaut. Wir bekommen leider auch keine regelmäßigen Besuche von unseren Omas (Opas gibt es leider keine mehr) oder von den Tanten. Obwohl unsere Mütter beide in der Rente sind und körperlich eigentlich noch fit!

Aber meine Mutter lebt im Unterallgäu, 130 Kilometer von uns entfernt, sie besuchte uns zwei- bis dreimal im Jahr, letztes Jahr war sie nur einmal da und dieses Jahr leider noch gar nicht. Ich selbst fahre aber, so oft es geht, zu ihr.

Meine Schwiegermutter wohnt nur circa 13 Kilometer weg, hat aber keinen Führerschein und einen „anspruchsvollen" Hund, das heißt, sie kann nicht ohne Hund aus dem Haus. Sie könnte ihn auch nicht mitnehmen, da ich die Wohnung von allen Spielsachen befreien müsste und sie könnte mit dem Hund auch nicht mit dem Bus fahren. Sie besucht uns allerdings zusammen mit meiner Schwägerin, dann ist sie aber nur „auf Besuch".

Hin und wieder passen aber beide Schwägerinnen am Abend auf die Jungs auf, damit mein Mann und ich etwas unternehmen können.

Ich möchte eigentlich gar nicht zu sehr ins Detail gehen, aber dass unsere eigenen Familien uns so wenig besuchen, belastet uns sehr. Wir haben auch schön öfter mit unseren Müttern darüber gesprochen, das Verständnis ist da, aber es ändert sich trotzdem nichts. Unsere Familien lieben die Kinder, vor allem die Omas, aber wir müssen ihnen halt die Kinder „hinterhertragen".

Natürlich gibt es viele andere Möglichkeiten, sich Unterstützung für die Kinderbetreuung zu holen, das hatten und haben wir auch, trotzdem sind wir enttäuscht, dass von der Familie weniger kommt als erhofft.

Wenn alles gut geht, ziehen wir nächstes Jahr in eine größere Gartenwohnung. Dann genießen wir auch den Luxus, die Kinder einfach mal in den Garten schicken zu können und die Spielsachen können ins Kinderzimmer geräumt werden, darauf freuen wir uns sehr!

Sonnige Grüße aus Vorarlberg
von Bettina und Michael mit
Vincent und Philipp!

Das Foto zeigt uns auf dem Planai in Schladming, während unseres Urlaubs dieses Jahr wieder auf dem Bauernhof in Radstadt im Salzburger Land! Links ist Vincent zu sehen und rechts Philipp!

Schulanfang für Ole & Hannes

Ein großer Tag im Leben der Zwillinge, aber auch der Zwillingseltern: die Einschulung. Ole und Hannes sind im letzten Jahr in die Schule gekommen. Die Familie hat zur Feier des Tages eine große Gartenparty veranstaltet. Ob das erste Schuljahr auch so gelungen war, lest Ihr hier.

Mit einem großen Fest begann vor gut einem Jahr die Schulzeit von Ole und Hannes.
In der Vorbereitung war viel zu tun. Zum Beispiel Schulranzen kaufen, Kleidung für die Feierlichkeiten kaufen usw. Beim Kauf der Schulranzen haben wir nicht lange hin und her überlegt und geschaut, sind bei uns am Ort in ein Fachgeschäft und beide liefen auf einen Schulranzen zu (es war „step by step" mit einem Polizeiauto drauf), Merkmal zum Unterscheiden: einer hatte einen Anhänger von Playmobil mit Polizei, einer mit einem Ritter.
Genauso einfach suchten wir dann die Schultüte aus: die Zuckertüte gab es passend zum Schulranzen. Um die Tüten auseinander zu halten, haben wir eine mit einem grünen Band und die andere mit einem blauen Band geschmückt. Die Kleidung für den großen Tag haben beide sich auch selbst ausgesucht. Wie aus einem Mund, "... die Hosen und die Hemden möchten wir haben ....!" Anbei ein Bild: rechts Ole mit Karohemd und Stoffhose in beige und links Hannes mit weißem Hemd und Stoffhose in grau.
Am Samstag, dem 22.8.2015 war die Schuleinführungsfeier in der Grundschule (Festakt mit Zuckertütenübergabe) und im Anschluss bei uns

zu Hause eine Gartenparty. Auf der Gästeliste stand Mann und Maus (fast alle Familienangehörigen, Paten, Freunde ... das halbe Dorf).
Auf die Idee mit der Gartenparty kamen mein Mann und ich, als wir im Dezember 2014 von einer Gaststätte und von zwei Partyservice hören mussten: „Man weiß doch schließlich, wann das Kind Schuleinführung hat. Wir haben für diesen Termin keine Kapazität mehr frei ...“

Pizzaservice angeheuert ...

Nach langem hin und her haben wir dann einen mobilen Pizzaservice aus der Nähe von Werneck angeheuert. Vielen Dank noch einmal an Udo Geyer, den Inhaber vom Pizzaservice!
Unsere Gäste waren begeistert. Zusätzlich zum gelieferten Essen haben wir dann noch zusätzlich Salate gemacht.
Die Getränkeversorgung hat für uns mein Cousin Daniel König (Bergdorfspezialitäten - www.bergdorfspezialitäten.de verschiedene Frucht- und Beerenweine - schaut ruhig einmal rein) übernommen. Er betreibt einen eigenen Getränkeservice mit Partyversorgung. Alles in allem war es ein gelungener Tag, wir haben bis in die späte Abendstunde gefeiert.
Da wir als sechsköpfige Familie eigentlich schon alles haben und es hier Brauch ist, dass jeder Schulanfänger Geschenke bekommt, haben wir schon bei den Einladungen zur Feier vorgegriffen. Wir haben die Gäste gebeten, Geld zu schenken. Von der Gesamteinnahme sind dann 200 Euro als Spende nach Erlangen ins Ronald-McDonald-Haus gegangen (Hannes lag 14 Tage in Erlangen auf der Intensivstation und anschließend auf der Kinderstation) und den Rest haben wir durch zwei geteilt und aufs Sparbuch gelegt.
Eigentlich war für den Hinweg zur Schule eine Busfahrt geplant, jedoch kamen wir in der Anfangszeit nicht so recht aus dem Bett und damit war die Chance aufs Busfahren gering, Abfahrtszeit vom Bus war nämlich 6.57 Uhr. Im Laufe des Jahres wurde es besser. Die Heimfahrt

mit dem Bus war dagegen für Ole und Hannes von Anfang an kein Problem.
Der Stundenplan ist für eine erste Klasse auch in Ordnung gewesen. 2 mal in der Woche 4 Stunden, 2 mal 5 Stunden und 1 mal 6 Stunden Unterricht.
Am ersten Elternabend hieß es für uns schon wieder Abschied nehmen - von unserer Lehrerin, Frau Konradi. Sie war nur noch bis zu den Winterferien im Dienst und dann ging sie in die Babypause.
Bis zu den Herbstferien war alles recht locker und ruhig. Als die Kinder dann langsam, aber sicher ans Lesen herangeführt wurden, war kein Interesse vorhanden ... nicht bei Ole und nicht bei Hannes. Leider dauert dies bis heute an. Alle anderen Fächer meistern sie mit guten und überdurchschnittlich guten Leistungen (vor allem das Fach Mathe). Die neue Lehrerin kam nach den Winterferien. Frau Eberhardt hat es recht gut hinbekommen und wir sind sehr zufrieden. Frau Konradi hatte uns in einem Elterngespräch darauf hingewiesen, dass beide mal einen Logopäden aufsuchen sollten. Dieses Thema hatten wir schon einmal, so um die Zeit der Schulvoruntersuchung. Hier haben wir uns bisher gekonnt geweigert.

Logopädin für Ole ohne Zähne.

Ole hat seit dem 11.11.2011 nach einem Zusammenstoß mit seinem Bruder Hannes zwei Zähne verloren. Darauf haben wir es geschoben, auch die Kindergärtnerin sah den Termin beim Logopäden nicht als dringlich an.
Also jetzt haben wir uns dann doch geschlagen gegeben und haben uns eine wirklich tolle Logopädin ausgesucht. Danke hier an Frau Uhlig aus Rödental-Einberg. Sie haben Ihre Sache gut gemacht.
Beide Kinder wurden erst einmal getestet. Ole bekam dann eine Überweisung vom Kinderarzt für zehn Sitzungen und bei Hannes sah die Logopädin keinen Bedarf. Somit war der Sach-

verhalt auch geklärt. Nach gut sechs bis sieben Sitzungen hat die Sache geklappt und die Zunge von Ole hatte ihren richtigen Platz im Mund gefunden und tatsächlich lagen wir mit unserer Vermutung richtig. Er ist mit der Zunge durch die große Lücke gekommen und somit hat er immer undeutlich gesprochen.

Die Hausaufgaben gestalteten sich für uns in der ersten Zeit richtig schwierig. Laufend hatte der eine oder der andere seine Hefte/Bücher vergessen. Desweiteren machte der eine die Deutsch-Hausaufgabe und der andere schaute bzw. hörte mit und musste somit gar keine Hausaufgaben mehr machen ... nichts überlegen, nur einfach hinschreiben.

Dieses Spiel schaute ich mir nicht lange an. Der eine saß dann in der Küche und machte Mathe, der andere am Esstisch und machte Deutsch und dann umgekehrt. So bekam ich die Sache zusammen mit meinem Mann langsam aber sicher in den Griff.

Unser Kopierer freute sich fast jeden Tag, wenn die Aufgaben kopiert werden mussten, einer von beiden hatte immer ein Heft vergessen. Wir konnten schon rote Striche im Kalender setzen, wenn wirklich beide alles dabei hatten. Und es gab auch Ausreden dafür ... jemand klaut uns die Hefte aus dem Schulranzen. Einfallsreich ...! Nun! Vor fünf Tagen gab es unser zweites Zeugnis. Wir können keinem der aufgeführten Punkte im Zeugnis widersprechen - bis auf Musik. Hier steht bei Hannes UND Ole: Kaum nimmt er von sich aus an musischen Tätigkeiten teil. Beim Singen tritt Ole nur wenig in Erscheinung.

Ole spielt allerdings seit einem halben Jahr Schlagzeug. Und Hannes fängt nach den Ferien an der Musikschule Gitarrenunterricht an.

Und nun wünsche ich für alle, die die erste Klasse vor sich haben, viel Erfolg und Kraft!
(Michaela B.)

PS. Heute habe ich einen schönen Satz gelesen. „Du sollst in deinem eigenen Kind nicht das Wunderkind sehen, sondern das Wunder Kind." Wolfgang Pfleiderer (1877-1971), deutscher Philologe (entnommen aus dem Newsletter der McDonald´s Kinderhilfe Stiftung, Haus Erlangen).

Trennung oder nicht? Wie macht man's richtig?

ISBN 978-3-927058-69-9

In vielen Betreuungseinrichtungen für Kinder gibt es feste Vorschriften, ob Geschwister (auch Zwillinge) in einer Gruppe untergebracht werden. Da aber alle Kinder verschieden sind, sollte das nicht zu starr gehandhabt werden. Die Pädagogin Katja Masin, die auch Zwillingsmutter ist, hat einen Ratgeber dazu verfasst, der auch dem Kindergartenpersonal einige Ideen an die Hand gibt. Machen Sie gerne Ihre Erzieherinnen darauf aufmerksam.

16,90 €, unter www.twins.de und im Buchhandel (auch online) bestellbar.

Erfahrung: Drillinge in der Schule

Als Alina, Mariella und Christien in die Schule kamen, waren die Eltern im Vorfeld verunsichert, ob sie die drei regulär einschulen sollten. Letzten Endes haben sich alle drei ein zusätzliches Jahr „geholt" und gehen heute mit sehr guten Leistungen ihren eigenen Weg.

Liebe Drillingseltern, inzwischen sind unsere Drillinge fünfzehn Jahre alt und es ist an der Zeit, auch einen kleinen Beitrag über unsere Erfahrungen zu schreiben, um speziell über das Schulthema zu berichten. *)

Unsere drei Mädels kamen sieben Wochen zu früh im Juni 2001 zur Welt. Am errechneten Geburtstermin wurden sie aus dem Krankenhaus als sogenannte „gesunde Frühchen" entlassen. Sie wissen sicher genau, wie es uns als Eltern in den ersten Wochen und Monaten zu Hause erging. Oft werde ich gefragt: „Wie habt Ihr das nur geschafft", ich muss sagen, inzwischen weiß ich es selbst nicht mehr so genau. Aber es hat geklappt!

Nach drei Jahren kamen die Mädchen in den Kindergarten, in eine integrative Gruppe, damit eventuelle Verzögerungen erkannt und auch berücksichtigt werden konnten.

Im zweiten und dritten Jahr haben wir die Kinder dann so verteilt, dass jedes Kind seine eigene reguläre Gruppe besuchen konnte. Dies war für unsere dreieiigen Kinder die richtige Entscheidung. Somit vergingen die Jahre wie im Flug, da ich als unsere Kinder neun Monate alt wurden, wieder in meinen Beruf zurückkehrte. Mein Mann war beruflich viel im Ausland unterwegs, so dass der Kindergarten eine echte Erleichterung für uns alle war.

Als die Schulentscheidung anstand, befragte ich zunächst alle Erzieherinnen und Therapeuten, die unsere Drillinge aus der Kindergartenzeit kannten. Sie gaben uns die Empfehlung, unsere Kinder einzuschulen. Uns persönlich fehlte zu diesem Zeitpunkt einfach die Erfahrung mit einem größeren Kind, so dass wir Sorge hatten, gleich drei falsche Entscheidungen zu treffen. Ich war ehrlich gesagt sehr unsicher, habe mir noch abschließend einen Rat von den Lehrerinnen der Grundschule eingeholt, die unsere Kinder nochmals sehr genau testeten. Unsere Mädchen sollten mit sechs Jahren regulär eingeschult werden. Ich kann nur sagen, wir (und damit meine ich unsere Kinder und uns selbst) hatten von Anfang an gemeinsam gelernt, die Hausaufgaben erledigt, gelesen, Kopfrechnen geübt etc. Es war extrem anstrengend!

Drei Schulklassen - ein Chaos.

Unsere Kinder waren zunächst in drei verschiedenen Klassen untergebracht, so wie im Kindergarten auch. Nach acht Wochen musste ich die Direktorin bitten, unsere Drillingskinder in einer Klasse zusammenzufassen, da ich mit drei unterschiedlichen Vorgehensweisen der Lehrer und auch Lehrbüchern (an der gleichen Schule) zeitlich und organisatorisch nicht zurecht kam. So besuchten die Mädchen zwei Jahre lang die Grundschule, wir kämpften uns gemeinsam durch die Zeit.

Am Ende der zweiten Klasse vereinbarten wir mit dem Schulpsychologen, dass eine unserer Töchter die zweite Klasse freiwillig wiederholen wird, da uns auffiel, dass sie sich extrem anstrengen musste und dabei auch sehr viel Energie verloren hatte. Sie wurde sehr dünn und machte keinen glücklichen Eindruck mehr.

Die anderen beiden Mädchen gingen weiterhin zur dritten und zur vierte Klasse. Beide haben sich für das Gymnasium (wir leben in Bayern) entschieden. Auch hier hatten wir zunächst Hindernisse zu bewältigen, da eine unserer Töchter krank wurde und eine Operation erforderlich wurde. Daraufhin fiel sie notentechnisch so weit ab, dass sie das Schuljahr wiederholen hätte müssen, so dass wir sie gemeinsam mit ihrer Schwester, die nun die vierte Grundschulklasse absolviert hatte, gemeinsam in die 5. Realschulklasse übertreten ließen.

Inzwischen haben zwei der drei Mädchen ihr zusätzliches Jahr erhalten, welches eigentlich von Anfang an erforderlich gewesen wäre.

Ich möchte allen Eltern, die sich gerade in der Entscheidungsphase: „Einschulung: Ja oder nein" befinden und/oder noch unschlüssig sind, folgende Impulse mit auf den Weg geben:
Unter der Berücksichtigung, dass alle Kinder ganz unterschiedlich in ihrer Entwicklung sind, tut es sowohl den Kinder als auch den Eltern sehr gut, einen kleinen zeitlichen „Puffer" einzubauen, denn wenn die Kinder in der Schule sind, nehmen Lehrer kaum Rücksicht auf höhergradige Mehrlinge und Frühchen, da der Lehrplan dafür keinen Raum lässt. Aber genau diese Rücksicht könnten die Kinder so gut gebrauchen, auch wenn sie offensichtlich gesund und gut entwickelt sind. Inzwischen ist mir klar geworden, dass dies nichts mit fehlender Intelligenz der Kinder zu tun hat, wenn sie noch etwas Zeit benötigen, es ist ein Reifethema.

Unsere beiden Mädchen haben sich sehr gut in der 6. Klasse Realschule eingelebt, eine unserer Mädchen wurde sogar in der fünften Klasse als Zweitbeste (von 180 Kindern ihres Jahrgangs) ausgezeichnet. Auch unsere Tochter im Gymnasium, lebte sich als Jüngste gut in der Klassengemeinschaft ein.

Jede hat ihr eigenes Tempo.

Wir sind sehr froh darüber, dass unsere Mädchen nach wie vor Spaß am Lernen haben und sich täglich den neuen Herausforderungen stellen.
Ein Arzt sagte mir nach der Geburt unserer Drillinge, dass die Kinder etwa bis zum 10. Lebensjahr brauchen, um bezüglich des Entwicklungsstandes mit gleichaltrigen mithalten zu können. Wir können diese Einschätzung nur bestätigen.
Inzwischen haben wir auch unsere jüngste Tochter im Alter von sechs Jahren im September 2013 eingeschult und nun wurde mir nochmals deutlich, dass Kinder, die alleine zur Welt kommen und mit größeren Geschwistern aufwachsen dürfen, einen erheblichen Vorteil haben. Deshalb sind wir dankbar dafür, dass unsere Drillingsmädchen trotzdem ihren Platz in der Schule gefunden haben und möchten alle Eltern ermutigen, zum einen

Alle drei auf dem Weg zur Schule.

Die drei Mädels halten zusammen.

ihrem Bauchgefühl zu vertrauen und den Kindern bei Bedarf die erforderliche Zeit zu geben, ein Schulkind zu werden.
Die Entscheidung darf auch gerne eine völlig andere sein, als sie ein Großteil der Eltern mit einzelnen Kindern treffen würde!
Ziel sollte es sein, dass ihre Drillingskinder den Erfordernissen der Schule mit Freude begegnen und meistern können und sie als Eltern das Tagespensum schaffen können. Auch für das Familienleben sollte genügend Zeit bleiben.

(Jutta H.)

*) Hier endete der Beitrag, der Drillingsmutter für den ABC-Report des ABC Clubs e.V. geschrieben hatte. Netterweise durften wir den Beitrag veröffentlichen. Und netterweise hat Jutta H. uns noch auf den aktuellen Stand gebracht.

… vielleicht noch ein paar Informationen zum aktuellen Stand der Mädchen:
Alina besuchte mit viel Freude und Fleiß die 8. Klasse der Realschule, ihre Schwester Mariella wurde zum 4. mal in Folge als 3. Beste der gesamten 8. Jahrgangsstufe der Realschule ausgezeichnet.
Christien besuchte die 9. Klasse des Gymnasiums Buchloe, ebenso engagiert; lernt erfolgreich Latein und hat sich für den naturwissenschaftlichen Zweig entschieden. Hobbies sind bei Alina: Klettern und Reiten.

Alina, Mariella und Christien sind dreieiige Drillinge. Inzwischen geht jedes Mädchen einen eigenen - sehr erfolgreichen - Weg. Und zusammen sind sie unschlagbar.

Mariella spielt sehr gerne Querflöte und ist Mitglied in drei Orchestern, hinzu kommt zwei mal wöchentlich Ballettunterricht. Christien liebt den Tanz, deshalb geht sie zum einen zum klassischen Ballettunterricht, tanzt „Modern Dance" und liebt es inzwischen, auch an Tanzkursen für Standard- und latein-amerikanische Tänze teilzunehmen. Insgesamt hat jedes unserer Mädchen seinen ganz eigenen Weg gefunden. Sie konnten, jetzt wo sie 15 Jahre alt wurden, einige Praktika absolvieren und wurden immer sehr gut bewertet. Dies zeigt uns als Eltern einmal mehr, wie umsichtig und auch engagiert sie ihre Aufgaben angehen. Diese Sozialkompetenz, die Mehrlinge oftmals zeigen, ist eine ganz besondere Fähigkeit, die für viele Berufsbilder von großem Vorteil sein wird.

Wir freuen uns sehr für unsere Mädchen und sind schon sehr gespannt auf die Herausforderungen der Zukunft, wie eventuelle Auslandsaufenthalte, weitere Praktika, Ausbildung und/oder Studium. Sicher ist, wir werden sie gerne ganz individuell begleiten und wenn erforderlich natürlich auch aktiv unterstützen.

Mit ganz lieben Grüßen -
Jutta H.

Aktuelle Kurtermine für Zwillings- & Drillingseltern 2017

Es gibt ein neues Kurangebot für Zwillings- und Mehrlingseltern. Das Gesundheitsprogramm Robbenstark® bietet betroffenen Müttern und Vätern Möglichkeiten, eine neue Gesundheitsbalance für ihren zukünftigen Alltag zu finden. Auch die Kinder werden in dieser speziellen Kur bestens betreut.

Unter dem Motto „Mehr am Meer" bietet sich Mehrlingsfamilien die einzigartige Möglichkeit, eine kostenlose Begleitperson für den gesamten Kurverlauf mitbringen zu dürfen.

Hier die nächsten Termine für diese Kuren:

Maßnahme	Zeitraum
1701	11.01. bis 01.02.2017
1702	01.02. bis 22.02.2017
1703	22.02. bis 15.03.2017
1704	15.03. bis 05.04.2017
1706	03.05. bis 24.05.2017

Es gibt ein neues Kurangebot für Zwillings- und Mehrlingseltern. Das Gesundheitsprogramm Robbenstark® bietet betroffenen Müttern und Vätern Möglichkeiten, eine neue Gesundheitsbalance für ihren zukünftigen Alltag zu finden. Auch die Kinder werden in dieser speziellen Kur bestens betreut.

Unter dem Motto „Mehr am Meer" bietet sich Mehrlingsfamilien die einzigartige Möglichkeit, eine kostenlose Begleitperson für den gesamten Kurverlauf mitbringen zu dürfen.

Hier die nächsten Termine für diese Kuren:

Maßnahme	Zeitraum
1615	02.11. bis 23.11.2016
1616	23.11. bis 14.12.2016
1701	11.01. bis 01.02.2017
1702	01.02. bis 22.02.2017
1703	22.02. bis 15.03.2017

Adria-Urlaub im Hotel Acquamarina

Im Frühjahr durften wir wieder eine Reise an die Adria verlosen. Gianni Gori hatte den Urlaub für eine Zwillingsfamilie ausgelobt. Die glückliche Gewinner-Familie mit den Zwillingen Felix und Jonas kommt aus dem Erzgebirge und hat sich in das Hotel Acquamarina in Igea Marina verliebt.

Nun will ich mich endlich mal an einen kleinen „Reisebericht" wagen, bevor der Sommer zu Ende ist ... Wir sind die überglücklichen Gewinner der Reise an die Adria ins Hotel Aquamarina in Igea Marina.

Ein Urlaub wie bei guten Freunden.

Wir sind am 21.5.2016 zu Hause im Erzgebirge gestartet und am 22.5. gegen Mittag im Hotel Aquamarina angekommen. Wir wurden sehr freundlich empfangen und konnten gleich das umfangreiche Mittagsbuffet testen. Es war sehr lecker, vielseitig und für jeden etwas dabei, das war auch zu jeder Mahlzeit die ganze Woche über so!

Es war wie ein Urlaub bei Freunden. Gianni Gori, der Besitzer, hat sich sehr um seine Gäste bemüht und war vor allem für jeden Spaß zu haben mit den jüngsten Gästen.

Das Wetter hätte besser fast nicht sein können. Wir hatten immer über 20°C, nur einen Abend etwas Regen und das Tollste: wir waren fast täglich im Meer baden.

Die Gegend um Igea Marina in der Emilia Romagna ist sehr schön, man kann sehr viel unternehmen. Das Hinterland ist hügelig und sehr malerisch. Wir haben einen Tagesausflug nach Ravenna gemacht und dort drei Kirchen besichtigt. Ravenna ist berühmt für seine Mosaiken und gehört zum Weltkulturerbe.

Ausflüge in der näheren Umgebung.

Der nächste Ausflug führte uns nach San Marino, der Zwergstaat in Italien. Er liegt auf einem Felsplateau und bei guter Sicht kann man bis zur Adria auf der einen Seite und weit ins Hinterland auf den anderen Seiten schauen. Nicht weit von Igea Marina ist der kleine Hafen Cesenatico (rechts). Die bunten Segel sind die verschiedenen Wappen der Fischerfamilien. Mit unseren Jungs, die ja nicht mehr ganz so klein sind, konnten wir sogar einen kleinen abendlichen Bummel durch Igea Marina machen. die beiden hatten jedenfalls viel Spaß dabei.

Zum Hotel gehört sogar ein beheizter Pool, den wir natürlich auch genutzt haben. Die Jungs waren natürlich mit Schwimmflügeln ausgerüstet.
Auf dem großen Bild sind die Besitzer des Hotels, die Familie Gori und wir.
Es war ein wunderschöner Urlaub, den wir alle sehr genossen haben, und wir sind Familie Gori und auch unendlich dankbar, dass sie uns diesen Traumurlaub ermöglicht haben.

Viele Grüße aus Italien

Zwillingsfamilie L.

PS. Familie L. hatte sich beworben, als Hotelier Gianni Gori eine Gratis-Urlaubsreise für die Leser der Zeitschrift ZWILLINGE ausgelobt hatte. Das Los fiel auf die Familie aus dem Erzgebirge.

In Italien gibt es so viel Spannendes anzusehen, da wird es auch Kindern nicht langweilig. Hier besucht die Zwillingsfamilie aus dem Erzgebirge den Fischerhafen von Cesenatico

Bisher erschienene Ausgaben von
DAS NEUE ZWILLINGE *Magazin*

Folgende Ausgaben unserer neuen Zeitschrift sind jederzeit & immer zu haben unter www.twins.de und auf allen gängigen Internet-Buchbestell-Portalen. Als Buch für 9,90 €, als E-Book für nur 7,99 € (nur bis Ausgabe 17).

Ausgabe 01: ISBN 978-3-927058-22-4
Ausgabe 02: ISBN 978-3-927058-25-5
Ausgabe 03: ISBN 978-3-927058-28-6
Ausgabe 04: ISBN 978-3-927058-32-3
Ausgabe 05: ISBN 978-3-927058-36-1
Ausgabe 06: ISBN 978-3-927058-53-8
Ausgabe 07: ISBN 978-3-927058-60-6
Ausgabe 08: ISBN 978-3-927058-65-1
Ausgabe 09: ISBN 978-3-927058-67-5
Ausgabe 10: ISBN 978-3-927058-73-6
Ausgabe 11: ISBN 978-3-927058-79-8
Ausgabe 12: ISBN 978-3-927058-82-2
Ausgabe 13: ISBN 978-3-927058-84-2
Ausgabe 14: ISBN 978-3-927058-90-4
Ausgabe 15: ISBN 978-3-927058-93-4
Ausgabe 16: ISBN 978-3-927058-95-8
Ausgabe 17: ISBN 978-3-927058-97-2
Ausgabe 18: ISBN 978-3-927058-99-6 (nur print - 7,99 Euro)
Ausgabe 19: ISBN 978-3-927058-39-2 (nur print - 7,99 Euro)
Ausgabe 20: ISBN 978-3-927058-43-9 (nur print - 7,99 Euro)
Ausgabe 21: ISBN 978-3-927058-46-0 (nur print - 7,99 Euro)

**Jedes Magazin (Buch) 9,90 € portofrei im Internet oder plus Porto 1 €
über www.twins.de - bis Ausgabe 17 auch als E-Book 7,99 € bei Amazon
und anderen Portalen. Ab Ausgabe 18 nur noch in print-Version für nur noch 7,99 €.**

Zwillings- & www.twins.de Drillingsliteratur

... oh, schon aus, SCHADE! ... und Sie würden gerne noch weiterlesen ... kein Problem. Wir haben noch viele Themen für Sie.

Zum Beispiel in unserer Zeitschrift ZWILLINGE, die bis Januar 2017 noch weiter existiert, und einzeln (4,50 € plus Porto) oder auch im Sonderangebot (5 Hefte zum Preis von 4, Porto inbegriffen für 19 €) oder im Abonnement (Jahresabo 50,40 €) bezogen werden kann.

Oder in weiteren Ausgaben DAS NEUE ZWILLINGE, die zweimonatlich erscheinen werden und jeweils die Themen aus dem normalen ZWILLINGE nur in komprimierter Form anbieten werden. (9,90 € bzw. 7,99 €) NEU: Es wird ab sofort ZWILLINGE - das Magazin heißen, um besser gefunden zu werden.

Und dann gibt es ja noch die Bücher. Zum Beispiel das Standardwerk „Zwillinge - doppelt so schön & halb so schlimm" (24,90 €).

Oder für alle Zwillingsmütter, die stillen möchten, das Buch „Zwillinge stillen - Wege zu einer harmonischen Stillbeziehung" 3. Auflage! (19,90 €).

Oder das Standardwerk „Zwillinge in Krippe, Kindergarten & Schule - auf dem Weg in ein eigenes Leben, (19,90 €).

Und endlich gibt es zwei Bücher, die viele, gute Ideen zur Beschäftigung von Zwillingen & Drillingen haben: „Zwillinge spielend fördern", 22,90 €. Jetzt auch: „Zwillinge - fit für die Schule", 22,90 €.

Und unsere neue Serie:

„Das Zwillinge-ABC" mit dem ersten Band „Zwillinge & ihre Geschwister", 14,90 € weiteren Büchern, zum Beispiel „Zwillingsvater werden" oder „Ausstattungsratgeber für Zwillinge & Drillinge", 16,90 € und jetzt das Buch „Zwillinge feiern Geburtstag", 16,99 € und viele mehr ...